insel taschenbuch 5050
Auch Katzen brauchen Urlaub

W0073555

Ferienzeit! Frauchen und Herrchen packen die Koffer und verreisen ... und die Katze? Muss allein zu Hause bleiben oder, noch schlimmer, in die Tierpension. Eine himmelschreiende Ungerechtigkeit, denkt sich da so mancher Stubentiger und beschließt, sein Schicksal eben selbst in die Pfote zu nehmen. Denn: Auch Katzen brauchen schließlich Urlaub.

Von einer geheimnisvollen Katze, die es unbedingt nach Ägypten zieht, einer anderen, für die Venedig das Ziel der Träume ist, und wieder einer, die entdeckt: Ferien auf dem Land sind schöner als erwartet. Abenteuerliche, heitere und erstaunliche Geschichten über unsere schnurrenden Freunde auf Reisen – von Victor Auburtin, Bettina Balàka, Claire Beyer, Petra Busch, Dorette Deutsch, Ellen Dunne, Roberta Gregorio, Gabriela Jaskulla, Tatjana Kruse, Christiane Lind, Theresa Prammer, Jutta Richter, Roda Roda, Sabine Trinkaus, Hans Traxler und Franziska Wolffheim.

Auch Katzen brauchen Urlaub

Die schönsten Geschichten

Herausgegeben von Gesine Dammel

Insel Verlag

Erste Auflage 2024
insel taschenbuch 5050
Originalausgabe
© Insel Verlag Anton Kippenberg GmbH & Co. KG, Berlin, 2024
Alle Rechte vorbehalten. Wir behalten uns auch eine
Nutzung des Werks für Text und Data Mining im Sinne
von § 44b UrhG vor.
Quellennachweise am Schluss des Bandes
Umschlagillustration: Hans Traxler, Frankfurt am Main
Vignetten: Jörg Hülsmann
Satz: Satz-Offizin Hümmer GmbH, Waldbüttelbrunn
Druck: CPI books GmbH, Leck
Printed in Germany
ISBN 978-3-458-68350-6

www.insel-verlag.de

Inhalt

Victor Auburtin

Die Dame mit der gestreiften Katze

In dem Abteil der Vorortbahn sitzen wir üblichen acht oder zehn Personen, die mittags in die Stadt fahren, um die Theaterplätze zu besorgen oder um Geld von der Bank zu holen oder so etwas Ähnliches.

Die meisten lesen in ihren Zeitungen. Die anderen blicken mit jener hochmütigen Herablassung drein, die ein Zeichen guter Erziehung ist. Der Herr mit der Tiefquart und dem Tiroler Hut macht ein Gesicht, als wolle er uns allen, der Reihe nach, eine herunterhauen; der muss aus einem besonders vornehmen Hause sein.

Da betritt die Dame mit der gestreiften Katze das Abteil, und mit einem Schlage ändert sich die ganze Lage.

Die Dame mit der gestreiften Katze ist ein Fräulein, das offenbar an einem Wohnungsumzug beteiligt ist und die Aufgabe übernommen hat, die Hauskatze in unauffälliger Weise in das neue Heim zu befördern. Zu diesem Behuf hat sie die gestreifte Katze in einen Pompadour gesteckt, so dass die Katze sich nicht bewegen und nicht entkommen kann,

7

sondern nur ihr Kopf freibleibt und an den Bege-
benheiten Anteil hat.

Es muss gesagt werden, dass die Katze sich in dieser schwierigen Lage vorzüglich benimmt. Sie ist
offenbar noch nie auf der Vorortbahn gefahren, und
man könnte erwarten, dass sie Furcht empfindet vor
den heftigen Geräuschen und Erschütterungen oder
vor dem Phantom eines vorbeibrausenden Zuges;
aber nichts dergleichen, sie betrachtet alles mit ru-
higer Aufmerksamkeit, und kein Ruf des Schreckens
oder Erstaunens kommt über ihre Lippen.

Was dagegen uns Fahrgäste anbetrifft, so sind wir
mit dem Auftreten der Katze andere Menschen geworden.

Der Herr mit der Tiefquart und dem Tiroler Hut
hat plötzlich vergessen, aus welch vornehmem Hause er stammt, und lacht die Katze vergnügt an. Eine
dicke Dame, welche Brillantohrringe trägt, wackelt
heimlich mit dem Finger, um die Aufmerksamkeit
der Katze zu erregen oder ihr vielleicht gar ein Lächeln abzugewinnen. Und wir anderen haben unsere Zeitungen sinken lassen und betrachten gespannt
dieses geheimnisvolle und kluge, kleine Gesicht, auf
dessen Stirn die dunkleren Streifen ein lateinisches
M bilden.

Und es ist, als sei mit der Katze etwas von verlo-
rener Einfalt und von Paradiesestum zu uns hinein-
gekommen; in das Abteil der Vorortbahn.

Lasst uns den Umgang mit Tieren pflegen, Freunde, damit wir unsere unsterbliche Seele nicht verlieren. Zu dem Tiere dürfen wir freundlich und menschlich sein, ohne uns unserer bürgerlichen Würde zu begeben. Vor dem Tiere können wir uns noch schämen; denn das Tier ist besser als wir, wozu ja allerdings meistens nicht viel gehört.

Tatjana Kruse

Noblesse oblige

»Maximilian, in diesem Zug riecht es nach Katze!«

Bei solchen Leuten stellen sich mir die Nackenhaare auf – mit einem Fuß noch auf dem Bahnsteig, aber schon gleich herumnölen. Gott sei Dank ließ sich die Complainerin von ihrem Mann in den Nachbarwaggon umlenken.

Ich machte mich auf die Suche nach einem freien Abteil.

Der Intercity von Koblenz nach Frankfurt war nur spärlich besetzt. Man fand zweifellos leicht einen Platz, von dem aus man die Aussicht auf den Rhein genießen konnte.

Das war zumindest meine Hoffnung, als ich mich auf den Weg durch die erste Klasse machte.

Reinhold war natürlich nicht mit mir eingestiegen. Auch gut, ich war immer noch sauer.

Im ersten Abteil saß eine Familie mit drei Kleinkindern. *Ganz sicher nicht*, dachte ich. Schon allein im Vorbeigehen drohten mir die Trommelfelle zu platzen. Kind eins wollte mit etwas spielen, was Kind zwei in der Hand hielt und nicht losließ. Beide kreischten um die Wette. Kind drei kreischte mit, weil es im Kräftemessen der Geschwister nicht außen vor bleiben wollte.

Im nächsten Abteil saß ein Mansplainer. Das erkannte man schon daran, dass er sich mittig platziert hatte, um seine Oberschenkel möglichst weit spreizen zu können. Wenn ich bei ihm Platz nahm, würde er mir zweifellos erklären, was die Bahn seiner Meinung nach besser machen müsste, um endlich aus dem Verspätungstief herauszukommen. Oder er würde mir seine Lebensgeschichte erzählen. Vom Moment der Zeugung an.

Nein danke.

Ich ließ mich im nächsten Abteil nieder. Schräg gegenüber einer nicht mehr ganz jungen Frau in einem Bouclé-Kostüm, die ein Buch las.

Der Blick aus dem Fenster war wunderbar. Man sah auf den Rhein, auf verfallene Burgen, auf restaurierte Burgen, auf Weinstuben und auf Kreuzfahrtschiffe, auf badende Kinder und auf Kormorane im Verdauungsschläfchen. Aber sie schaute nicht, sie las ein Buch.

Ich weiß Bücher durchaus zu schätzen. Aber wenn man das wahre Leben in all seiner Schönheit vor Augen hat, muss man sich dann in Fiktion versenken?

Ich musste sehr an mich halten, um nicht den Kopf zu schütteln. Möglicherweise machte ich ein

11

Geräusch. Oder der Windhauch störte sie. Jedenfalls warf sie mir einen Blick zu. *Bitte nicht stören*, stand darin zu lesen.

Als sie sich wieder in die Seiten ihres Buches versenkte, schnitt ich ganz undamenhaft eine Grimasse. Als ob ich jemand wäre, der sich anderen ungefragt aufdrängen würde. *Pö.*

In diesem Abteil würde ich sicher nicht alt werden. Bevor ich jedoch weiterzog, hübschte ich mich ein wenig auf und ging dabei in mich.

Würde ich Reinhold vermissen?

Nun ja, fast drei … nein, vier gemeinsame Jahre. Das würde Spuren hinterlassen, keine Frage. Aber in letzter Zeit war es ohnehin nicht mehr so gewesen wie am Anfang. Als er mir noch jeden Wunsch von den Augen abgelesen hatte. Und mich ständig um sich haben wollte. Ich bin nicht gern für mich. Nun war er andauernd beruflich unterwegs.

»Das mach ich doch nur für uns beide«, pflegte er zu sagen, wenn er mitten in der Nacht nach Hause kam und mir nur rasch einen Kuss aufdrückte, bevor er völlig erschöpft neben mir einschlief.

Vermutlich glaubte er wirklich, dass ich keine Ahnung hätte, womit er seinen und damit auch meinen Lebensunterhalt verdiente. Ich bin aber nicht auf den Kopf gefallen. Seine Angst, wenn es an der Tür klingelte. Seine neuerdings verhuschte Art. Ich wusste, er bewegte sich außerhalb der Legalität.

Und machen wir uns nichts vor: Gesellschaftlich hatten wir uns noch nie auf demselben Niveau befunden. Möglicherweise – nein, bestimmt war es das, was mich an ihm gereizt hatte. Sonst hätte ich mir doch schon längst jemand anderen gesucht. Rückblickend realisierte ich das jetzt.

»Zugestiegene, die Fahrkarte bitte.«

Ein Schaffner, dessen Uniform locker um seinen hageren Körper schlackerte, baute sich in der offenen Tür auf.

Die Bouclé-Bücherleserin hielt ihm ihr Handy entgegen, und er scannte ihre Fahrkarte.

Als er mich ansah, lächelte ich nur unverbindlich. Mein Geheimnis lautet: Immer so tun, als sei man nicht zugestiegen und sitze schon seit Stunden im Zug. Je souveräner und gelassener man ist, desto besser funktioniert es.

Der Schaffner lächelte, nickte erst mir, danach der Kostümträgerin zu, dann schloss er die Abteiltür und ging weiter.

Ich sah aus dem Fenster. Die in stetem Rhythmus vorübergleitende Landschaft hatte etwas Einschläferndes.

Natürlich würde ich mir jemand Neuen suchen müssen. Eher sofort als später. Ich hatte noch nie für mich selbst sorgen müssen, das ist der Vorteil, wenn man so fantastisch aussieht wie ich. Und es ließ sich nicht leugnen: Ich war an einen gewissen

Lebensstandard gewöhnt. Reinhold hatte mich nach Kräften verwöhnt, keine Frage.

Ich atmete schwer aus.

Die Leserin hob den Blick. Als ob sie sich schon durch mein Atmen in ihrer Konzentration gestört fühlte.

Ich ignorierte sie. Im Ignorieren bin ich gut.

Sie seufzte demonstrativ, legte das Buch beiseite, griff nach ihrer Handtasche, stand auf, strich ihren Rock glatt und verließ das Abteil.

Noch bevor sie die Tür wieder schließen konnte, huschte ich ebenfalls in den Gang.

Ich schlenderte zum letzten Abteil des Waggons.

Ein würziges Eau de Cologne waberte durch die halboffene Tür. Ich bin keine Freundin von starken Gerüchen, aber dieser Duft hatte etwas Faszinierendes.

Ich trat ein.

Der Mann am Fenstersitz sah mich an. Es war ein freundlicher Blick. Kaum Haare auf dem Kopf, dafür Vollbart. Ich mag Männer mit Bärten. Und ich mag Bad Boys. Er hatte definitiv eine Bad-Boy-Ausstrahlung.

Ich setzte mich auf den Sitz direkt neben ihn und sah ihn aus meinen blauen Augen auffordernd an.

»Hallo«, gurrte er.

Ich gefiel ihm, kein Zweifel.

Und warum auch nicht. Ich war ein Rasseweib,

ein Klasseweib, ein Hingucker. Aus bester Familie. Mit einer vielversprechenden Aura von Exotik.

»So ganz allein unterwegs?«, fragte der Bärtige.

Ich konnte ihm schlecht sagen, dass mein bisheriger Lebensabschnittspartner höchstwahrscheinlich gerade krankenhausreif geschlagen wurde.

Es stimmte schon, Reinhold hatte mir gegenüber nie etwas gesagt, aber ich konnte seine Angst förmlich riechen. Und ich hatte Telefonate geflissentlich überhört. Dass er die Steine, die er in Amsterdam hätte abliefern müssen, um eine erkleckliche Anzahl verringert hatte. Dass unsere Spontanreise mit dem Intercity nicht dem Wunsch entsprang, ein paar Tage mit mir allein zu sein, sondern der Notwendigkeit, seinen Auftraggebern zu entfliehen. Ich hatte ihn gewarnt. Mehrmals. Aber er hörte ja nie auf mich. In Koblenz schlugen sie dann zu.

Der Bärtige stand auf und sah suchend in den Gang hinaus. Dann zuckte er mit den Schultern und schloss die Abteiltür wieder. Er setzte sich, und ich stieg damenhaft auf seinen Schoß – Cordsamthosen zu einem flauschigen Pulli – und ließ mich umgehend nieder. Ein angemessener Thron für eine Königin wie mich. Ich schnurrte.

Er kraulte mich hinter den Ohren, streichelte mir den Rücken. Das machte er nicht zum ersten Mal. Seine Hände waren darin geübt, das spürte ich. Ich schnurrte heftiger.

Ich glaube, wir werden sehr glücklich miteinander werden.

Er nahm mir das Halsband ab. »Mal sehen, wem du gehörst.«

Reinhold hatte seinen Namen und seine Adresse selbstverständlich nicht in mein Halsband eingravieren lassen. Er wurde schließlich von der Polizei und der Diamantenmafia gesucht. Na ja, Letztere suchten nicht mehr nach ihm. Sie hatten ihn gefunden.

In diesem Moment entdeckte der Bärtige das kleine Beutelchen an meinem Halsband und öffnete es.

»Großer Gott!«, rief er.

Ich zwinkerte ihm zu.

Ich hoffe, er behält die Diamanten. Oder er bekommt einen Finderlohn für sie. Das Geld wird er brauchen. Ich bin eine Siamkatze. Wir sind anspruchsvoll. Und teuer im Unterhalt!

Claire Beyer

Bastet

Mein Haus mit Garten liegt inmitten einer Siedlung am Stadtrand. Ein perfektes Idyll, gäbe es da nicht den Fluglärm, der vom frühen Morgen bis zum späten Abend andauert. Ich wusste, dass das Haus in der Einflugschneise des Großflughafens lag, war aber überzeugt, diesen Krach – wäre er nur erst zur Gewohnheit geworden – ebenso ausblenden zu können, wie beispielsweise das Läuten von Kirchenglocken. Ich hatte mich grenzenlos getäuscht. Immer wieder schnellte der Kopf hoch, wenn eine Maschine besonders tief flog oder mehr Krach verursachte als andere. Erstaunt stellte ich dagegen fest, dass es meiner zugelaufenen Katze – ich nannte sie ihrer Zartheit wegen *Rose* – im Gegensatz zu mir nicht laut genug sein kann. Diese seltsame Vorliebe beschränkte sich zwar ausschließlich auf alles, was flog, war aber nicht zu übersehen. Sie saß mucksmäuschenstill am Fenster, stellte die Pfoten zierlich nebeneinander, hob den Kopf zum Himmel, fixierte den metallenen Riesen und verfolgte so lange wie möglich dessen Flug. Mir schien, als sei ihre Faszination für diese mächtigen Vögel grenzenlos und nur noch durch vorüberfliegende Hubschrauber zu übertreffen. Ihre Freude milderte meine Genervtheit, und ich blieb schließlich – wenn auch nicht gänzlich bekehrt – ruhig und gelassen, wenn über uns der Himmel dröhnte.

Von dieser Eigenart abgesehen war die Katze ein braves, fast schon zu braves Tier. Es ließ sich nicht leugnen, sie verhielt sich so, als hätte sie Angst davor, wieder fortgejagt zu werden. Sie verschonte die Polstermöbel, warf keine Blumentöpfe vom Fensterbrett, kletterte nicht an den Gardinen hoch und ließ das Katzenstreu dort, wo es hingehörte. Nie gab sie mir einen Anlass, mich über sie zu ärgern oder es gar zu bereuen, dass ich sie aufnahm, als sie zitternd vor Kälte und Hunger vor meiner Eingangstür saß. Das war vor einem Jahr, und weil sich keiner gemeldet und einen Anspruch auf sie erhoben hatte, blieb sie und ging seitdem auch nie nach draußen. Jedenfalls nicht allein. Manchmal begleitete sie mich, wenn ich in den Garten ging, saß dann mit großen Augen neben mir, wenn ich umgrub, das Unkraut jätete oder Gemüse erntete. Gelegentlich knabberte sie an einem Grashalm oder roch an einer Blume. Tagetes liebte sie besonders. Sie tauchte förmlich ein in sie, und dann war ihre Nase gelb vom Blütenstaub.

Sie war schon den zweiten Sommer bei mir, als

ich an einem Dienstagvormittag vom Wochenmarkt zurückkam. Salat und Gemüse waren in einen Reiseprospekt eingewickelt, und ich wollte das nasse Papier entsorgen, als Rose mit einem Satz auf den Tisch sprang, was sie ansonsten nie tat. Sie starrte auf die bunten Fotos, die die Angebote begleiteten, schien zu lesen, zu wählen, zu überlegen und drückte dann ihre Pfote auf Marsa Alam, eine in Ägypten gelegene Destination.

Ich überließ der Katze ihr papierenes Spielzeug und erledigte, wie an jedem anderen Dienstag auch, meine Hausarbeit. Zur Mittagszeit aber wollte ich den Tisch für mich haben. Rose jedoch, die inzwischen schläfrig auf dem Reiseprospekt lag, verteidigte ihren Platz mit allem, was ihr zur Verfügung stand. Sie krallte, fauchte, buckelte und starrte mich wütend an. Mir blieb angesichts dieser Wesensveränderung nichts anderes übrig, als meinen Teller ans Tischende zu stellen und den Stuhl zu verrücken. Die Katze bewegte sich keinen Zentimeter, noch nicht einmal das Hühnerklein im Futternapf konnte sie locken.

Am Abend kam eine Freundin zu Besuch, die ich längere Zeit nicht gesehen hatte. Sie stand kurz vor ihrem Jahresurlaub und freute sich darauf, mehr Zeit mit mir zu verbringen, wie sie immer wieder betonte. Sofort verlor sie sich in Reisefantasien. Sie hatte so viele Ziele im Kopf wie mein Hefekranz Ro-

sinen, die ich im Übermaß in den Teig einarbeite-
te, weil sie die getrockneten Weinbeeren so gern aß.
Während sie mit Genuss in das Gebäck biss, zeigte
sie auf die Katze, die über dem Prospekt eingeschlafen war. Als Freizeitbuddhistin, Esoterikerin – hin
und wieder zumindest –, Veganerin, wenn kein Ham-
burger in der Nähe ist, und Tierfreundin mit großem Herz, sah sie mich fragend an, und ich erzählte ihr von dem seltsamen Verhalten des Tieres und
der Aktion mit dem Reiseprospekt. *Es gibt keine Zu-
fälle*, rief sie aus und kam sofort zu dem Ergebnis,
dass sich die Katze nach dem Ort sehne, auf dem
die Pfote gelandet war. Ich widersprach. *So, so*, argu-
mentierte sie, ob ich denn vergessen habe, dass sich
die Katze mein Haus und damit zweifelsfrei mich
ausgesucht habe, sie zu versorgen. Und das mit den
Flugzeugen sei ein weiteres Zeichen, das könne ich
doch nicht übersehen! Sie strich der Katze über
den Kopf, und als habe Rose genau zugehört, begann
sie, laut zu schnurren. Ich musste mich für diesen
Abend geschlagen geben, wusste aber insgeheim, dass
sich meine Freundin bereits am nächsten Tag nicht
mehr an dieses Gespräch erinnern würde.

Aber sie sollte mich überraschen!

Gleich am frühen Mittwochmorgen rief sie an –
ich war kaum wach –, und es gelang ihr schließlich,
mich zu überreden, mit ihr und der Katze nach Ägypten zu reisen. Ihren Argumenten war aber auch we-

nig entgegenzusetzen. Ich habe schon zu lange in meiner Wohnung gehockt, sei fast darin festgewachsen, und es sei dringend notwendig, dass etwas Exotik und Buntheit mein Gemüsebeet-Dasein aufpoliere. Mit Freude würde sie sich um alles kümmern. Impfpass, Gesundheitsschein, Tickets (auch die Katze reise nicht umsonst), Futter, eine katzenfreundliche Unterkunft in Marsa Alam und Sonnencreme für uns beide.

Kaum hatte ich das Gespräch beendet, wurde ich unsicher. Aber nur kurze Zeit später klingelte es schon an der Haustür. Sie wolle Rose gleich zum Tierarzt bringen, hörte ich meine Freundin sagen, nicht dass ich es mir noch anders überlege. Rose war noch nie in einem Korb eingesperrt, gab ich zu bedenken, aber meine Freundin zeigte sich durch und durch optimistisch. *Rose ist klug, sie erkennt die Zeichen*, beruhigte sie mich. Und sie sollte Recht behalten.

Trotzdem schlief ich die Nacht vor dem Abflug keine Sekunde. Die Freundin würde uns abholen, so war es abgemacht. Als am frühen Morgen das Telefon läutete, hatte ich bereits ein schlechtes Gefühl. Eine völlig verschnupfte und jammernde Person meldete sich, zwischen zwei Hustenanfällen stammelte sie, dass es ihr unmöglich sei, den Urlaub mit uns anzutreten. Seltsamerweise war ich erleichtert und gab ihr zu verstehen, dass die Reise damit insgesamt abgesagt sei. Sie solle sich keine Gedanken machen und erst mal wieder gesund werden. Wir würden …

Nein, nein, heulte sie los, das komme überhaupt nicht in Frage. Alle Zeichen deuteten darauf hin, dass ich die Reise mit Rose antreten müsse. Sie habe unter meinem Sternzeichen im Horoskop gelesen, dass mich die nächsten Tage traumhaft schöne Dinge erwarteten. Nie im Leben würde sie es sich verzeihen, wenn ihretwegen diese Reise ausfiele. Sie käme mit, so krank wie sie sei, wenn ich nicht losfliegen würde. Ich sah auf die Uhr, fixierte die Katze (die schon im Korb saß) und bestellte ein Taxi.

Rose war der Star bei der Abfertigung. Wir wurden vorgelassen, lächelnd nahm die Flughafenangestellte unsere Papiere entgegen, und lächelnd gab sie ihr Okay. Im Flugzeug stellte ich den Katzenkorb an meine Seite und glaubte, Rose beruhigen zu müssen. Doch die schaute mit großen, runden Augen an mir vorbei, stellte ihre Ohren auf, als die Turbinen die Luft ansaugten und so der Start vorbereitet wurde. Nur ein *Miau* war zu hören, als die Maschine, nach der Schubbeschleunigung, über die Rollbahn abhob. Erst als wir uns abschnallen durften, sah ich wieder nach meiner Katze. Sie lag zusammengerollt in ihrer kleinen Behausung, und es schien, als sei das für sie Routine.

Ich dagegen nahm alles wie durch einen Filter

wahr. Auch, dass der Platz neben mir von einer jungen Frau eingenommen worden war, die mir erzählte, dass sie ihre Reise schon vor Wochen gebucht hatte.

Der Weg zum Ausgang, nachdem ich mein Reisegepäck vom Band genommen hatte, war ein Kinderspiel. In dieser Region Ägyptens war man auf Touristen eingestellt, und entsprechend einfach wurde es den Reisenden gemacht. Der Transfer zur Unterkunft und die Beförderung des Gepäcks funktionierten ebenfalls problemlos. Tausende helfende Hände nahmen sich meiner kostbaren Fracht an. Mir fiel ein Stein vom Herzen, und ich sandte einen virtuellen Dank an meine erstaunlich schnell erkrankte Freundin, die das alles so perfekt organisiert hatte. Auch die Unterkunft erwies sich als glückliche Wahl. Ich bekam einen kleinen Bungalow, der von weißen, hohen Mauern umgeben war und inmitten einer grünen und bunten Parklandschaft lag. Das Meer war nicht weit, ich roch und hörte es. Rose kam aus ihrem Korb und inspizierte die Räume, wobei es sich genau genommen um einen Raum handelte. Das kleine Schlafzimmer lag hinter maurischen Bögen in einer Nische ohne Fenster. Den Wohnraum beherrschten bunte Kissen, ein niedriger Tisch und kunstvolle Lampen. Das große Fenster war mit einem dicken Gitter versehen. Ein Kühlschrank und eine kleine Küchenkombination fanden sich hinter einem Bambusvorhang. Eine Schale mit Obst war ein Willkommensgruß, für den ich sehr dankbar war, denn nach der ganzen Aufregung war ich hungrig. Erschöpft sank ich in ein Kissen und rief nach Rose. Aber ich wartete nicht auf sie, sondern schloss die Augen und schlief ein.

Als ich wieder wach wurde, sah ich die Treppe, die neben dem Hauseingang aufs Dach führte. Und dort entdeckte ich Rose. Sie saß auf der Brüstung und starrte in die flirrende Luft, als zeichne sich dort eine Geschichte ab, die nur für Katzen bestimmt war. Vielleicht suchte sie aber auch den Himmel nach Flugzeugen ab, wer konnte das schon wissen. Alles an ihr war vertraut und gleichzeitig fremd. Der Anblick, wie sie sich auf der Mauer niedergelassen hatte, erinnerte mich an Bastet, die ägyptische Göttin der Fruchtbarkeit und der Liebe, die Tochter des Sonnenkönigs Re. Ich hielt einen Moment den Atem an, so sehr berührte mich dieses Bild.

Rose war mir in die untere Etage gefolgt und deutete an, dass sie Hunger und Durst habe. Danach rollte sie sich in ihrem Korb zusammen. Schnurrte laut und zufrieden. Die nächsten Tage verliefen nach dem immer gleichen Muster. Ich versorgte meine kleine Begleiterin, die danach den winzigen Innenhof inspizierte, um schließlich wieder die Dachterrasse aufzusuchen. Sie bewegte sich völlig autark, so als habe sie immer an diesem Platz gelebt.

Nach dem Frühstück (ich wusste, Rose verließ das Haus nicht) erkundete ich meine Umgebung, verließ die Ferienanlage, besuchte einen kleinen Markt (dort gab es alles, was wir zum Leben benötigten), schlenderte weiter bis zum Sandstrand, vorbei an den Sonnenschirmplätzen und war endlich am Wasser. Es schimmerte türkis und war bis zum Horizont von Booten und Menschen bevölkert. Ich suchte vergeblich nach einem ruhigen Platz, um mich auszuruhen. Immer war jemand da, kam mir zuvor, und ständig wurde ich abgedrängt. Als ich am dritten Tag erneut einen Versuch unternahm, der Menschenmenge aus dem Weg zu gehen, kam ein junger Sicherheitsbeamter aus der Ferienanlage auf mich zu und sagte in meiner Sprache, dass er mir etwas zeigen wolle.

Er führte mich ein Stück vom Strand weg, lief voraus, vergewisserte sich aber immer, ob ich ihm folgte. Wir gingen durch enge Gassen, die von Mauern eingeschlossen waren, an denen Bougainvilleen wuchsen, dazwischen wieder und wieder schmale Pfade, wo das Wasser still und erhaben durchschimmerte. Fensterlose Hauswände spendeten Schatten, und plötzlich führten mosaikverzierte Stufen zu einem menschenleeren Strand. Ich wollte dem jungen Mann danken, aber er war verschwunden. Während ich mich umsah, entdeckte ich in einem kleinen Innenhof in einer gemauerten und überdachten Nische eine Wassertränke. Überall saßen oder lagen Katzen im Schatten und betrieben ausgiebig – auch gegenseitig – intensive Fellpflege. Sie beachteten mich nur scheinbar nicht. Ich war mir sicher, dass ihnen nichts entging. Auch nicht, als ich mein Kleid über die Knie hob und ein paar Schritte ins Wasser machte. Es war warm und sanft. So, dass ich mir vornahm, am nächsten Tag mit Badekleidung wiederzukommen.

Den Weg zurück fand ich leicht, denn es gab nur eine Möglichkeit, wieder zur Anlage zu gelangen. Rose begrüßte mich. Ihr Fell war sonnenwarm, sie hatte sich offenbar wieder auf der Brüstung aufgehalten. Nachmittags genossen wir den schattigen Terrassenplatz. Ich hätte Rose so gern gefragt, ob es das war, was sie haben wollte. Eine sonnige Brüstung, flirrende Luft, einen schattigen Vorplatz, fremde Stimmen, Musik der Bogenharfe, von kräftigem Händeklatschen begleitet, laute Schreie der Markthändler, die ihre Gewürze und Stoffe aus dunklen Augen in geheimnisvollen Gesichtern mit einem Lächeln für Touristen und einem für Einheimische anboten. Menschen in westlicher Kleidung, Dschallabijas für Männer und Frauen, Straßenkinder, die Esel hinter sich herzogen, Glanz und Gloria in Hotelanlagen und bittere Armut in den Nebenstraßen. Aber Sonnenuntergänge für jede Seele, groß oder klein, arm oder reich. War es das, was Rose sehen wollte? Unser Austausch blieb erwartungsgemäß stumm, und nach dem Abendessen, als die Dunkelheit wie aus dem Nichts hereinbrach, legten wir uns in die Schlafplätze. Ich in mein Bett, Rose in ihren Korb.

Am nächsten Morgen – es war schon der vorletzte Urlaubstag – packte ich meine Badesachen und suchte den verborgenen Platz auf. Wieder war ich allein – bis auf die Katzen. Sie begleiteten mich mit ihren Blicken, als ich ins Wasser eintauchte. Keine wäre je auf die Idee gekommen, das erfrischende Nass aufzusuchen. Ihre stolze Haltung zeigte es mir unzweifelhaft. Ich dagegen genoss die Erfrischung, legte mich anschließend auf mein Badetuch und schlief im leichten Plätschern der Wellen ein.

Als ich erwachte, wollte ich zurück zum Bungalow, zögerte aber, denn in diesem Moment kam der junge Mann, mein Lotse, aus einem der Häuser. Er trug einen großen Korb, nickte mir zu, begann dann, silbrig glänzende Schüsseln auszupacken, sie auf den Boden zu stellen und mit Futter zu füllen. Ich weiß nicht, warum, aber ich zählte die kleinen Schälchen. Es waren zwölf Stück. Die Katzen erhoben und streckten sich, sprangen dann elegant auf den mit Fliesen verzierten Boden und näherten sich eine nach der anderen ruhig den Schüsseln. Ich betrachtete jede einzelne Katze. Die Zeichnungen ihres Felles ähnelten einander, so, als handele es sich um eine Familie. Weiß mit grauen Flecken. Für einen kurzen Augenblick wunderte ich mich über die Anzahl der Schalen, denn ich zählte nur elf Katzen. Doch weil der junge Mann sich zu mir gesellte, vergaß ich den Gedanken. Er stellte sich vor mich, hob beide Hände wie zum Gebet gefaltet und sprach diesmal in arabischer Sprache auf mich ein. Mit einem Lächeln senkte er den Kopf, dann kümmerte er sich nicht weiter um mich, sondern holte eine Bürste aus seinem Kaftan, den er an diesem Morgen statt seiner Uniform trug, und reinigte damit die Wassertränke, die in der Mauer eingelassen war. Einige der Katzen warteten schon darauf, endlich trinken zu können. Ich fühlte mich so wohl und leicht wie schon lange nicht mehr. Ich konnte loslassen. Durch Rose war ich angekommen, mein Körper in Ägypten und ich in mir.

Als ich aufbrach, stand die Sonne fast schon senkrecht am Himmel. Höchste Zeit, den Schatten meiner Unterkunft aufzusuchen. Nachdem ich das Salzwasser abgeduscht und mich eingecremt hatte, rief ich nach meiner Katze. Und dann sah ich sie. Sie hockte aufrecht auf dem größten Stuhl und sah mich unverwandt an, nicht durch mich hindurch und nicht über meinen Kopf hinweg. Ein Bernsteinblick wie ein Geschenk. *Rose*, sagte ich leise und dachte dabei erneut an Bastet, die Tochter von Sonnenkönig Re.

Meinen letzten Urlaubstag verbrachte ich fast vollständig am Katzenplatz. Ich saß auf einer der Bänke, schaute dem Lauf der Sonne zu, folgte den Farben des Meeres, hörte den Wind von den Bergen. Als ich endlich aufstand, war die Dunkelheit nicht mehr weit. Ich hatte ein schlechtes Gewissen, denn Rose musste schrecklich hungrig sein. So schnell es mir möglich war, eilte ich zum Bungalow, rief sie, aber Rose kam nicht. Ich suchte an allen Plätzen im Haus, auf dem Dach, im kleinen Innenhof. *Rose, Rose, Rose* ... Rufend ging ich durch die Parkanlage, fragte Gäste, die um einen Grill standen und ihre leeren Teller auffordernd wippten, erkundigte mich nach ihr bei Urlaubern, die am Swimmingpool saßen, die Füße spritzend ins Wasser getaucht, wollte von Golfspielern wissen, ob sie meine Katze gesehen hatten – und war den Tränen nahe, weil sie alle den Kopf schüttelten.

Ohne weiter nachzudenken, lief ich den Weg zur überdachten Nische mit der Tränke zurück. Im schwachen Schein des Mondes erkannte ich die zwölf silbrigen Schalen. Sie standen perfekt aufgereiht da, und alle waren benutzt und sauber ausgeschleckt worden. Alle zwölf. Ich sah mich um, lauschte in die Dunkelheit, glaubte, leises Wispern zu hören, bei dem geheimnisvolle Botschaften ausgetauscht wurden. Und mitten in diesem tuschelnden Stimmengewirr flüsterte eine Stimme – oder bildete ich es mir ein –, dass Rose von einer langen Reise nach Hause zurückgekehrt sei. Meine Verzweiflung wandelte sich endlich in ein Bittgebet an den Sonnengott Re (was ich gegenüber meiner Freundin niemals zugeben werde), und ich forderte ihn auf, dass Rose es gut haben solle in einem Land, das die Katzen verehre. Ich hoffte nur, dass er mich auch erhören würde. Müde lief ich den Weg zum Bungalow zurück und glaubte an jeder Wand einen Schatten zu sehen, der mich heimlich begleitete. Aber es war nur eine Schimäre, die zwischen Tag und Nacht ängstlichen Wesen Furcht einjagte.

Irgendwann am frühen Morgen erwachte ich, packte meinen Koffer, legte die Utensilien von Rose dazu und stellte alles zum Abtransport bereit. Dann duschte ich so lange, bis das Wasser kalt wurde, duschte, bis ein erstes Flugzeug am Himmel zu hören war.

Die Heimreise verlief reibungslos. Meine Freundin holte mich vom Flughafen ab. Sie sah mich an, dann den leeren Katzenkorb und stellte keine Fragen. Noch nicht einmal, als wir bei mir im Wohnzimmer saßen, ein Glas Wein vor uns. Irgendwann, nachdem ich mir ein paar Tränen aus den Augen gewischt hatte, fing ich an zu erzählen: *Alles begann damit, dass du mir eingeredet hast, meine Katze brauche Urlaub ...*

Dorette Deutsch

Fortunato sucht die Magie
Ein Katzensommermärchen

Eigentlich hatte er eine traurige Geschichte, was man allein schon daran erkannte, dass er Fortunato, der »Glückliche«, hieß. Er dachte lieber nicht zu oft darüber nach, weil er sonst traurig wurde, denn es hätte alles auch ganz anders kommen können.

Er war gerade ein paar Tage alt, als ihn jemand – das Karma soll ihn strafen! – im Karton neben einer Mülltonne abstellte. Leider war er da kein Einzelfall. Merkwürdig, manche Menschen liebten Katzen über alles, andere stellten sie zum Müll. Aus der Ferne – der Karton war natürlich zu – hatte er das Wort »Urlaub« gehört: »Wieso muss dieser Kater ausgerechnet auf die Welt kommen, wenn wir in Urlaub fahren! Wir stellen ihn hier ab, soll ihn doch retten, wer mag!« Urlaub? Das musste ein schreckliches Ungeheuer sein. Falls er sich jemals aus dieser Kiste befreien konnte und groß und stark wurde, würde er diesem Urlaub die Zähne zeigen! In seinem Versteck hatte er so kräftig miaut, dass ihm fast die Lunge geplatzt wäre. Als er schon jede Hoffnung dahinschwinden sah, hatte ihn plötzlich ein kleines Mädchen mit blonden Zöpfen aus seiner Gefangenschaft erlöst, ihn fest in die Arme genommen und ihm den Namen Fortunato gegeben. Klar, man musste nur laut genug schreien, um dem Schicksal eine Wende zu geben. Das kleine Mädchen liebte ihn innig – bis ihre Familie in Urlaub fuhr und er wieder allein war. Immerhin, die Fürsorge des Mädchens hatte ihn groß und stark gemacht. Er war zwar noch jung, aber kein kleiner, armer Kater mehr.

Damals war er ziemlich lange herumgeirrt, immer weiter über die Hügel und hinaus aus der Stadt, bis er zu einem einsamen Kloster kam. Da lebten schon alle möglichen Tiere, die sonst keiner wollte. Fortunato hatte sich sofort zu Hause gefühlt. Nach einem ersten Erkundungsgang zwischen Steineichen und einer sanft plätschernden Quelle hatte er ein freundliches Blöken gehört, das auf der Stelle ein wohliges Gefühl von Geborgenheit bei ihm auslöste. Hoffentlich gibt es hier diesen Urlaub nicht, dachte er noch, bevor er sich den drei Schafen vorstellte. Sie hießen Brigida, Rina und Elvira und waren Schwestern. Nachdem auch der kleine Wolf und das Wildschwein nicht dagegen waren, hatten ihn die drei Schafe eingeladen, im Kloster zu bleiben.

Fortunato seufzte dankbar und fühlte sich wie ein glücklicher Kater. Wenn die Morgenröte über dem Meer die Landschaft in einen Mantel aus unzähligen Schattierungen von Rosa hüllte, schien ihm das Paradies zum Greifen nah. Um die Mittagszeit jagte die Sonne strahlende Lichtfetzen über das Wasser, die von Fortunatos Aussichtsplatz aus wie kleine Inseln aussahen. Erst gegen Abend verloren sich die Wellen in den Farben des Horizonts, und das Meer warf seine Strahlen auf die Landschaft zurück. Dann sah es aus, als fiele die Sonne wie ein leuchtender Ball ins Meer. Manchmal meinte er sogar, ein leises Glucksen in der Ferne zu hören.

Fortunato gähnte und spürte das Rascheln der Blätter über seiner Nase. Plumps! Jetzt war ihm eine Olive genau auf die Nase gefallen.

Es hatte ein bisschen gedauert, bis Fortunato unter den vielen Bäumen genau den fand, der als Aussichtsplatz geeignet war. Die alte Steineiche unterhalb des Klosters war entschieden zu hoch. Außerdem wurde sie ständig von Wanderern umringt und fotografiert, weil sie einer der ältesten Bäume des Landstrichs war. »Ah, ein magischer Ort!«, riefen die Besucher dann entzückt aus. Bei dieser Gelegenheit hatte Fortunato zum ersten Mal das Wort »Magie« gehört und sich gefragt, was das wohl war. War das so etwas wie Urlaub, konnte man es essen, oder war es so etwas wie die Angst, die einen von einem Moment auf den anderen überkam?

Sofort hatte er den Schafstall aufgesucht, um seine drei Freundinnen nach der Bedeutung des seltsamen Wortes zu fragen.

»Magie ist, wenn man sich an einem Ort besonders wohlfühlt oder wenn man eine besondere Begegnung hat.«

»Also hier bei uns!«, rief Fortunato begeistert aus, voller Bewunderung für die drei Schwestern, obwohl man Schafen keine besondere Intelligenz nachsagte. Aber was verstanden die Menschen schon von Tieren.

»Es gibt die Magie des alten Klosters«, fand Brigida, die Kleinste und Vorlauteste.

»Es gibt die Magie der wahren Freundschaft, wie du sie bei uns kennengelernt hast«, ergänzte Rina, die Mittlere der drei.

»Und dann gibt es noch die Magie der Landschaft, wenn die Tage sanft und voller Sehnsucht sind«, seufzte Elvira, die Älteste. »Du als Kater lebst natürlich deine eigene Magie! Schließlich suchen Menschen die Gesellschaft von Katzen, weil sie magische Wesen sind!«

»Na ja, nicht immer«, erwiderte Fortunato, »vor allem in Verbindung mit Urlaub habe ich da schlechte Erfahrungen gemacht.«

Voll neuer Gedanken war Fortunato auf den Olivenbaum zurückgekehrt. Seinen Kopf, schwer vom Denken, auf die linke Pfote gestützt – eine Haltung, die, auf einem Baum sitzend, ein wahres Kunststück war –, so fand ihn die kleine Brigida vor.

»Fortunato, mein Freund!« Sie hatte seine Verwirrung gespürt.

»Fortunato«, rief sie noch einmal, weil beim zweiten Versuch ihre Stimme immer besser klang. Das
brachte Brigida damit in Zusammenhang, dass ihr
Vater Alfredo in seiner Schlaftrunkenheit ihren Ge-
burtstag falsch ins Schafsregister eingetragen hatte.
Erst beim zweiten Versuch wusste die Schafswelt endlich, wie sie hieß und wann sie auf diese Welt gekommen war. Deshalb musste sie ihr ganzes Leben lang
alles zweimal machen; aber zum Glück hatte sie sich
an diese zusätzliche Mühe gewöhnt.

»Wir, also Rina, Elvira und ich sind der Ansicht,
dass es hier zu einsam für dich ist!« Fortunato setzte sich schnell auf die Hinterpfoten, um sein Gehirn
auf maximale Aufmerksamkeit zu stellen. »Ich finde,
du solltest mal Urlaub machen, unter Leute gehen
und so!« Fortunato sprang auf, wie von der Tarantel
gestochen. Er hatte es immer geahnt, dass er dem Ungeheuer noch einmal begegnen würde. »Urlaub? Ich?
Kannst du mir das bitte genauer erklären?«

»Urlaub ist, wenn man sich zu neuen Erfahrungen
aufmacht. Anstatt immer nur im Baum zu sitzen,
solltest du dir eine Gefährtin suchen!«

»Die meisten Leute lernen sich im Urlaub kennen,
bei Katzen dürfte das ähnlich sein«, ergänzte Rina,
die eilig zur Verstärkung herbeigesprungen war.

»Sich zu verlieben ist der schönste aller magischen
Momente!«, blökte Elvira.

»Und wieso soll ich dann Urlaub machen?«

»Na ja, zu uns kommen ja keine Katzen herauf, und verlieben kann man sich meistens nur in die eigene Spezies. Im Urlaub sind die Chancen größer, dass man magische Momente erlebt!«

Fortunato sah in die Ferne, wo die weiße Gischt bis zu den Häusern aufspritzte und beschloss, Brigida an diesem Tag keine weiteren Fragen zu stellen.

Fortunato liebte seinen Olivenbaum, der hinter dem Kloster an einem Abhang wuchs, steil und verwildert, wo kein Weg mehr durch die Landschaft führte. Sein Baum war hoch genug, um ihn zu schützen, aber auch nicht zu hoch, sodass er bequem hinauf- und wieder hinunterspringen konnte. Im Hain wuchsen dreißig Bäume mit silbrig-glänzenden Blättern, deren Anblick ihn einfach entzückte. Schließlich gab es nichts Schöneres auf der Welt als einen Olivenbaum! Die Zweige des Baums standen so dicht, dass er sogar bei Regen Schutz in der Krone fand.

Am Tag darauf wartete Brigida an der Quelle auf ihn. Immerhin war er vom Baum gestiegen. »Fortunato, mein Freund, du weißt, deine Gesellschaft ist uns überaus angenehm. Aber trotzdem, es sind deine besten Jahre. Und du sitzt immer im Baum! Obwohl ich zugeben muss, dass es ein besonders schöner Baum ist!«

»Hast du was dagegen einzuwenden?«

»Nein, natürlich nicht! Aber auch ein Kater muss gelegentlich Urlaub machen!«

»Nicht schon wieder, ich bitte dich!« Fortunato gähnte und streckte sich. Nach dem ersten Unglückskapitel in seinem Leben, das er schließlich zwei Urlauben verdankte, war er mit seinem grau getigerten Fell ein ausgesprochen schöner Kater geworden.

»Fortunato, im Ernst!« Brigida ließ ihr harmonisches Blöken eine Oktave höher rutschen. »Wir haben heute Nacht den großen Schafsrat abgehalten und sind zu dem Ergebnis gekommen, dass es so nicht weitergehen kann! Unsere Freundschaft zu dir verpflichtet uns, in jeder Hinsicht auf dein Wohlbefinden zu achten!«

In der Ferne sah Fortunato, wie ein Schiff in sanften Linien an der Küste entlangfuhr, und er glaubte, die Bewegung des Wassers zu hören. »Was du nicht sagst.«

»Ja, sage ich. In langen Winternächten haben wir gelernt, dass das Wichtigste im Leben die Magie ist. Die findet man aber nur, wenn man gewohnte Wege und Orte verlässt. Dafür ist ein Urlaub die beste Gelegenheit. Neue Begegnungen verjüngen uns und erfrischen das Herz, ob du das nun glaubst oder nicht! Und so haben wir alle zusammen beschlossen, dass du endlich Urlaub machen und dich vorübergehend von uns trennen musst.«

Jetzt war das Schiff in der Ferne verschwunden, und Fortunato beobachtete, wie sich die winzigen Lichter der Sonne, die das Schiff für einen Moment verdeckt hatte, auf sein Fell setzten. »Ich muss gar nichts. Deshalb bin ich ja hier.«

»Wir Schafe sind alte Seelen, aber du bist ein junger Kater und musst hinaus in die Welt.«

»Was?« Fortunato wäre fast vor Schreck vom Baum gefallen.

»Mein Freund«, Brigida hob beschwichtigend die rechte Klaue, »vertrau mir einfach. Um uns musst du dir keine Sorgen machen. Es ist nicht weit ins Dorf, und bald bist du wieder zurück.«

»Und wenn der Wolf kommt und euch ans Fell will?«

»Vergiss nicht, wir sind zu dritt. Der Wolf ist viel zu klein und hat mehr Angst als wir. Vor dem brauchst du uns nicht zu beschützen.«

»Ich soll also Urlaub machen, und wo?«

»In Albereto natürlich, dem Traum von achtzig Prozent der Menschen weltweit, die in Urlaub fahren! Du weißt doch, bunte Häuser, blaues Meer, immer Sonne! Sogar im Flughafen von San Francisco hängt ein Bild von Albereto!«

Fortunato war immer noch nicht überzeugt. »Und wie komm ich da hin?«

»Du nimmst den Weg zwischen den Olivenhainen und musst an drei überdachten Marienstatuen vorbei. Natürlich musst du aufpassen, weil da wilde Tiere Schutz suchen. Die können einem Kater wie dir gefährlich werden. Aber das gehört auch zum Urlaub, jede richtige Reise fängt mit einer Mutprobe an!«

»Der Weg ist steil und steinig. Hast du mal meine weichen Pfoten gesehen?« Gleich kam Fortunato ins Lamentieren. Dann mochte er sich selbst nicht, aber es passierte eben manchmal. Vielleicht war es wirklich an der Zeit, einmal Urlaub zu machen.

»Ich dachte immer, du hättest einen fliegenden Teppich?«, fragte Brigida vorsichtig nach.

»Hatte ich mal, in meinem vierten Leben, ist mir aber abhandengekommen.« Fortunato seufzte.

»Zu viele Abenteuer?«, wollte Brigida wissen.

»Wahrscheinlich. Macht nichts. Fliegende Teppiche sind sowieso aus der Mode gekommen.«

Wahrscheinlich hätte Fortunato den Vorschlag der drei Schafe nie ernst genommen, hätten nicht ein paar Dorfbewohner beschlossen, den Olivenhain mitsamt Fortunatos Baum wieder instand zu setzen. Am nächsten Tag beobachtete er erstaunt, wie eine kleine Gruppe Menschen, ausgestattet mit Eimern, Rechen, Stangen und Baumscheren, den Hügel heraufkam. Ein bärtiger Mann machte schließlich unter Fortunatos Olivenbaum halt und bog forschend die Zweige herab. »Den schneide ich, damit er im nächsten Jahr wieder richtig trägt! Eine Schande ist das, einen Hain so verwildern zu lassen!«, knurrte er mit tiefer Stimme.

Fortunato geriet in Panik. Jemand wollte die Äste

abschneiden? Sein Versteck war in Gefahr! Schnell sprang er vom Baum und flitzte zu Brigida in den Stall.

»Na, da bist du ja endlich.« Brigida sah ihn an, als ob sie auf ihn gewartet hätte.

»Meine Lieben, könnt ihr mir sagen, was hier los ist?«

»Ja. In diesem Jahr hängen die Bäume voller Oliven, und man muss rechtzeitig die Vorbereitungen für die Ernte treffen! Du siehst, ein Grund mehr, um in dieser Zeit Urlaub zu machen.«

Fortunato war immer noch nicht überzeugt.

»Ich sag's dir noch einmal«, verkündete Elvira, die es wirklich gut mit ihm meinte, während ihre beiden Schwestern im Hintergrund zustimmend blökten, »es wäre besser, für dich und für uns, du würdest ab und zu mal unter Leute gehen.«

»Warum?«

»Dann würdest du eine Liebste finden, und wir würden uns unheimlich mit dir freuen! Außerdem, wir möchten ab und zu wieder unter uns sein«, sagte Brigida.

»Na dann ...«, antwortete Fortunato erstaunt, weil er immer dachte, dass die anderen seine Gesellschaft genauso schätzten wie er ihre.

Brigida hatte natürlich eine Ausrede benutzt, das musste man manchmal, wenn man die anderen zu ihrem Glück zwingen will.

Und so brach Fortunato am nächsten Morgen in aller Frühe auf. Die Sonne war gerade aufgegangen, und das Meer war klar und strahlend blau, eine glatte, lichtglänzende Fläche, die unter den letzten Nebelschwaden schon von der Wärme des Tages berührt wurde. Wie Elvira angekündigt hatte, standen am Wegesrand drei Marienstatuen, unter deren Dach allerlei Tiere, große und kleine, Schutz fanden. Unter der ersten blickte schon der kleine Wolf hervor und bleckte seine Zähne. Den kannte Fortunato aber bereits, weil er nachts immer in die Nähe des Schafstalls kam.

»Wen haben wir denn da, unseren lieben Fortunato!«

Fortunato würdigte ihn kaum eines Blicks. »Geh mir aus den Augen! Ich bin auf dem Weg ins Dorf, weil ich endlich Urlaub mache. Bei der Gelegenheit will ich die Magie wiederfinden, die den meisten abhandengekommen ist.«

»Kann man die essen?«

»Nein.«

»Dann interessiert es nicht. Ich mag nur, was ich fressen kann.«

»Und ich mag Wölfe nicht!«

Lauernd sah ihn der Wolf an. »Ich weiß nicht, wenn du jetzt so unterwegs bist ...« Er bleckte die Zähne, was bei ihm lustig aussah, weil sie ziemlich schief standen.

»Wehe, wenn du dich in die Nähe meiner Schafe wagst!«, kündigte Fortunato drohend an. »Dann bekommst du es bei meiner Rückkehr mit mir zu tun!« Fortunatos Stimme klang nur ein bisschen drohend, weil ihm der kleine Wolf eigentlich sympathisch war; er war ja noch ein Zwerg und kaum größer als er. Vielleicht war er auch neben einer Mülltonne gelandet, bevor er hier heraufgekommen war.

»Das Wort Urlaub kenne ich genauso wenig wie die Magie!«, maulte der Wolf.

»Das sind besondere Tage, an denen du keine Hühner klaust und meine Schafe in Ruhe lässt!«, erklärte Fortunato.

»Das sind aber meine Lieblingsbeschäftigungen!«, rief der Wolf trotzig und machte sich eilig davon, bevor Fortunato mit noch mehr neumodischen Ideen kam. Wahrscheinlich warteten die Schafe bereits auf ihn und hatten sich schon Sorgen gemacht! Schließlich waren die Streiche, die er ihnen spielte, ihr einziges Unterhaltungsprogramm.

Zu Beginn tat sich Fortunato schwer mit seinen weichen Pfoten auf den spitzen Steinen, aber er hatte sich vorgenommen, nicht aufzugeben. Manchmal kam es ihm vor, als würde ihm der sanfte Duft der Macchia mit ihrer würzigen Mischung aus Lorbeer, Pinien, Wacholder und Myrten übers Fell streichen. Urlaub machen sollte ja nicht nur Vergnügen bereiten! Der Weg wurde immer steiniger, hinter der nächsten Marienstatue hörte er ein grunzendes Geräusch. Was, noch ein Wolf, dachte er erstaunt. Als er verstohlen hinter das Fundament der Statue sah, entdeckte er ein Wildschwein, das es sich in einem Nest aus Lorbeerblättern bequem gemacht hatte.

»Hallo, ich bin Fortunato! Und du, willst du in dem Lorbeer geschmort werden, oder warum liegst du hier?«

»Werd bloß nicht frech«, erwiderte das Wildschwein, »ich bin hier eine Respektsperson. Ich hab mich vor den Jägern versteckt. Aber jetzt schleich dich besser, sonst fahr ich meine Hauer aus.«

Fortunato sagte lieber nichts und machte sich zum nächsten Heiligtum auf. Da wohnte zum Glück nur ein Hase, aber der war gerade unterwegs und hatte einen Zettel mit »Bitte um schriftliche Nachricht« zurückgelassen. Nach ein paar Kurven war das Dorf mit seinen schmalen bunten Häusern schon zu erkennen.

Kaum hatte Fortunato das Dorf erreicht, war überhaupt kein Fortkommen mehr. In der schmalen Straße, die zum Meer hinunterführte, stiegen unübersichtliche Scharen von Menschen aus einer winzigen Bahn aus, die genauso bunt wie die Häuser war. Fortunato versuchte, sich zwischen den Beinen der Leute durchzuschlängeln, eckte aber überall an Wanderstöcken an, und er fürchtete, dass ihn einer erstechen würde. Hilfe, dachte er, das kann doch kein Urlaub sein, was wollen die Menschen überhaupt hier. Als er zu seiner Linken eine Kapelle sah, vor der eine Treppe zu einem Laden hinaufführte, sprang er schnell hinauf. Die Steinstufen waren jedoch so hoch, dass er drei Anläufe nehmen musste, bis es ihm gelang. Zum Glück fiel er jedes Mal auf die Pfoten. Aus dem Lokal ein Haus weiter roch es köstlich nach gebratenem Fisch. Vorsichtig näherte sich Fortunato dem Duft, als seine Pfoten plötzlich an etwas Hartes stießen.

»Du dummer Kater, pass doch auf!«, sagte eine reizende, aber verärgerte Stimme. »Siehst wohl nicht, wo du hintrittst. Du hast mich aus dem Mittagsschlaf gerissen.«

Erst als er die Augen senkte, erkannte er ein weißes Kätzchen, das in einem runden Korb mit Keramikandenken lag. Es war wunderschön. Sofort wurde er ruppig, um seine Verlegenheit zu verbergen.

»Bist du eine Katze oder ein Andenken, das man kaufen kann?«, fragte er.

»Stell dich nicht dümmer, als du bist! Ich ruhe mich aus. Es war eine anstrengende Nacht. Siehst du nicht das Schild, *Don't disturb, the cat is sleeping*? Damit bin ich gemeint!«

Fortunato war fassungslos. »Ich wohne in einem Olivenhain! Da brauche ich kein Schild, wenn ich schlafen will. Ich steige auf meinen Baum und schlafe!«

»Lädst du mich mal ein?«

»Ja. In kalten Nächten gehe ich allerdings zu meinen Schaf-Freundinnen in den Stall.«

»Was? Schafe riechen nicht gut.«

»Kommt drauf an. Wenn man jemanden mag, kommt einem auch ein bisschen Gestank wie feines Parfüm vor.«

»Das sagst du so.«

»Natürlich, weil ich ein glücklicher Kater bin. Mein Start ins Leben war so schlecht, dass es danach nur aufwärts ging.«

»Du Ärmster ... gleich muss ich heulen.« Die weiße Katze zog die Worte künstlich in die Länge. »Und was willst du jetzt hier?«

»Das sage ich dir erst, wenn du mir deinen Namen genannt hast!«

»Ich heiße Nina und bin die schönste Katze im Dorf. Deshalb liege ich auch hier im Korb, damit mich alle fotografieren können.«

»Ich heiße Fortunato, ich bin im Urlaub und auf der Suche nach der Magie. Du weißt nicht zufällig, wo ich die finden kann?« Fortunato sah das Kätzchen stumm an. Es war das erste Mal in seinem Leben, dass ihm die Worte fehlten. Daran erkannte er, dass es ein besonderer Moment war.

»Hey, du hässlicher Kater, verschwinde!« Die Stimme klang hoch und schlecht gelaunt. Vorsichtig hob Fortunato die Augen. Eine dicke Frau mit blauer

Schürze funkelte ihn böse an. Die Arme, dachte Fortunato, kein Wunder, dass sie schlecht gelaunt ist. Wenn sie den ganzen Tag diese Keramikdinger verkauft und jedes Mal die Katze aus dem Korb vertreiben muss. Wahrscheinlich hat sie sich nur eine Katze angeschafft, um Kundschaft anzulocken. Plötzlich sprang hinter der bösen Frau ein Mädchen mit blonden Zöpfen hervor, die ihm irgendwie bekannt vorkam.

»Fortunato, bist du's?«, rief das Mädchen mit freudiger Stimme und wollte ihn mit beiden Händen packen.

»Verschwindet!«, schrie Fortunato, »alle beide!«, obwohl das Mädchen ja eigentlich nichts dafür konnte. Er fing so schrecklich zu fauchen an, dass die Frau und das Mädchen eiligst im Laden verschwanden. Ein paar Kunden waren schon neugierig geworden und eilten davon, ohne ihre Andenken zu zahlen. Nina sah ihn irritiert an. »Ich muss mich beherrschen, damit ich ihnen nicht ins Gesicht springe«, erklärte er ihr, sobald er wieder zu Atem gekommen war. »Ich kenne die beiden und habe schlechte Erfahrungen mit ihnen gemacht. Katzen verlässt man nicht, nur weil man in Urlaub fahren will.«

»Ich finde Menschen überhaupt langweilig, Urlaub sowieso, deshalb schlafe ich tagsüber lieber und warte, bis abends alle verschwunden sind.« Nina machte einen Satz aus dem Korb, sodass sie in ihrer ganzen Katzenschönheit vor ihm stand. Und Fortunato erkannte, dass dies der entscheidende Moment seines Lebens war. Er machte nur eine knappe Kopfbewegung Richtung Hügel, wo das alte Kloster inmitten von Oliven in der strahlenden Sonne lag.

»Also, Urlaub, das ist schon klar, mögen wir beide nicht. Und wie hältst du es mit der Magie?« In seinen Augen wurde das Kätzchen immer schöner, sodass er fast wieder das Gleichgewicht verlor und die Treppe hinuntergeplumpst wäre. Aus der Ferne vermeinte er ein leises Blöken zu vernehmen.

»Die Magie ist da, wo es Freunde, eine magische Landschaft und die Liebe gibt«, antwortete das Kätzchen und schlug an Fortunatos Seite ganz selbstverständlich den Weg zum alten Kloster ein.

Gabriela Jaskulla

Mitfahrgelegenheit

Das Haus hatte eigentlich ganz passabel ausgesehen: ein Klinkerbau, zwar nicht krumm und schief von Geschichte, wie sie sich das vorgestellt hatte, sondern ein moderner, niedersächsischer Zweckbau. Aber immerhin: Eine Giebelseite war verglast, und die Scheiben gaben den Blick frei auf den Rasen und die Bäume, die das Rasenviereck umstanden, als wollten sie Wache halten. Der Rasen war vorschriftsmäßig geschnitten, die Bäume waren gestutzt, und hinter den Ästen der Birken und Eschen ließen sich die offenen Felder erahnen, denen, dem Lärm nach zu urteilen, mit allerhand Maschinen zu Leibe gerückt wurde. Es war Mitte Juli, die Luft feucht und schwer, die Sonne hatte sich verzogen oder im Dunst aufgelöst.

Sine wischte sich die Stirn mit dem Ärmel ab und setzte den Katzenkorb ab. Höchste Zeit, Malwina in die Freiheit zu entlassen! Die hatte das protestierende Miauen längst eingestellt, das Sine die gesamte Fahrt über gequält hatte: Zweihundert Kilometer von Hamburg bis hierher, zweihundert Kilometer

Katzenklage und ein schlechtes Gewissen, denn Malwina hatte recht: Der Transportkorb war zu klein. Stefan hatte ihn vor drei Jahren für die Jungkatze gekauft und fand ihn immer noch hinreichend, obwohl sich das Tier darin kaum drehen konnte. *Hinreichend*, ein Stefanwort. So wie *hilfreich* oder *zielführend*. Juristensprache, längst eingesickert in den Alltag. Es war ein teurer Katzenkorb gewesen, Vintage. Malwina dankte es ihm, indem sie ihn, kaum, dass er den Riegel vorgelegt hatte, ein letztes Mal mit den Krallen erwischte.

Verdammt noch mal!

Sie hatten sich gar nicht voneinander verabschiedet.

Sine bückte sich, hockte sich neben den Transportkorb und beeilte sich mit zitternden Fingern, den Korb zu öffnen. Beim dritten Versuch gelang es.

Sie erschrak, als sie Malwina genauer anschaute: Das dichte, buschige Fell der Katze war verschwitzt, ihr Blick panisch – sie glich eher einer Laborkatze als der selbstbewussten American Bobtail, die Sines Alltag in Hamburg aufgeheitert hatte. Eigentlich war Malwina Stefans Katze, aber das hatte sich im Lauf der Zeit verändert. In Sines Studio hatte die Katze mehr Platz, Sine hatte mehr Zeit, und so war es klar, dass Malwina mit Sine in Urlaub fahren würde. Sine wollte Ruhe, wollte Abstand, wollte flaches Land und Weite zum Denken – und Stefan mit seinen Freun-

49

den zwei Monate durch die USA biken und seine Behörde vergessen.

»Komm schon, Kleine, du kannst rauskommen!«, sagte Sine mit leiser Stimme. »Ich hole dir auch gleich ein paar Leckerli.«

Malwina ließ sich bitten, natürlich. Oder sie hatte tatsächlich immer noch Angst. Sines Herz klopfte. Die Fahrt mit dem Cabrio hätte so schön sein können: Raus aus der aufgeheizten Großstadt, nach den Elbbrücken gen Osten, an der Elbe entlang bis Lauenburg, in beschaulichen Bögen hügelhinauf und hügelhinab landeinwärts, bis sich in den Elbtalauen die Landschaft weitete, lichte Haine die Wälder ersetzten, bis die ersten urigen Dörfer sichtbar wurden, in denen es nicht nur Bauern, sondern auch viele Töpfer und andere Kunsthandwerker gab, Maler und Schriftsteller dazu, die der verlassenen Gegend im Lauf der letzten Jahrzehnte zu einem gewissen Ruf verholfen hatten. Künsche und Krautze und Klauze – die Ortsnamen wurden immer kurioser.

Aber Sine konnte die Fahrt nicht richtig genießen, weil sie wusste, dass Malwina litt – und weil sie nicht wagte, das Dach des MG zu schließen und die Katze aus ihrem Gefängnis zu befreien, in der Hoffnung, dass sie sich im Inneren des Wagens brav verhielte. Nein, so viel Vertrauen dann doch nicht! Also Klagen und Greinen und Miauen – und eine Fahrt, die eher einer Hetzjagd als einer beschaulichen Reise glich.

Nun waren sie endlich angekommen. Und bequemte sich Malwina aus ihrem Käfig. Das cremefarbene Fell war dunkel verfärbt. Sie machte einen Buckel, stellte den Schwanz steil auf, schaute sich kurz um – und war weg. Sine war froh, dass sie die Haustür hinter sich geschlossen hatte. Es hatte keinen Sinn, Malwina jetzt zu suchen. Sine wusste aus Erfahrung, dass es Stunden dauern konnte, bis sie aus irgendeinem Versteck hervorkam. Sie packte aus. Sie schleppte Koffer und Taschen ins Haus, sorgsam darauf achtend, dass die Tür immer geschlossen blieb. Es war noch immer heller Nachmittag, als sie sich endlich erschöpft auf einer Truhe dicht bei dem großen Fenster niederließ, aber die Gegend lag wie in einem Dämmer. Ein grauer Dunstschleier über allem, kein Windhauch regte sich, und als Sine die Terrassentür vorsichtig öffnete, um hinauszutreten, fiel sofort ein Schwarm Mücken über sie her. Sine beeilte sich, ins Haus zurückzukommen, und schloss die Tür. Man musste tatsächlich schon Licht einschalten, jetzt, mitten im Sommer.

Sine schaltete den Rechner an, überprüfte ihre Mails. Keine Nachricht von Stefan. Sie ließ ihn kurz wissen, dass sie gut angekommen waren, er schickte ein Emoji zurück: Daumen hoch.

Am nächsten Tag regnete es. Und am übernächsten regnete es auch. Malwina ließ sich blicken, verschwand aber sofort wieder, wahrscheinlich in dem unübersichtlichen Gebälk, das den großzügigen Wohnraum überspannte, oder in irgendeiner Kammer, die Sine noch nicht genau inspiziert hatte. Die Katze fraß, sie trank, sie erledigte ihre Geschäfte, aber sie blieb einstweilen für sich. Sine sorgte sich ein wenig, aber sie hatte zu tun.

Im Eingang lagen mehrere, defekte Regenschirme, offenbar vor Jahren achtlos zusammengerollt und vergessen, manche mit einer klebrigen Staubschicht überzogen. Egal! Sine griff nach einem, der halbwegs vertrauenerweckend aussah, und machte einen Spaziergang durch das Dorf. Das war schnell erledigt: Nur etwa ein Dutzend Häuser umstanden den zentralen Platz; das berühmte Rundlingsdorf, das angeblich Touristen von überallher anlockte, glich eher einem halb verlassenen Weiler. Das Rund wurde von mehreren, schlecht befestigten Straßen durchbrochen – Arbeitswege für die Landwirtschaft. Die Bewohner, die nicht zur Arbeit ausgerückt waren, schienen sich hinter Hofmauern und Gardinen zu verstecken. Kein Mensch war zu sehen. Kam es ihr nur so vor oder verfolgten sie Blicke? Sine schwitzte, ihr war unbehaglich zumute. Ein Köter, schwarz und plump, streifte über den Platz. Er beachtete sie kaum, aber Sines Herz schlug schneller. Seit wann hatte sie Angst vor Hunden?

Eigentlich hatte sie vor, mit einem der Fahrräder, die im Schuppen beim Haus standen, ins nächste Dorf zum Einkaufen zu fahren, aber nun nahm sie lieber das Auto, suchte die Landstraße nach Gartow, verfuhr sich, fand wieder zurück, nur, um erneut vom Weg abzukommen und irgendwann in einer Sackgasse zu landen, den Elbdeich vor sich. Das war nun allerdings ein Anblick! Sine kletterte die kleine Treppe hinauf und blickte auf den majestätischen, dunkelgrauen Fluss. Jetzt ein Boot haben! Oder noch besser: einen behaglichen, sicheren Kahn. Und dann gegen den Strom – ja, wohin?

Missmutig kehrte Sine um, fand Gartow und den Supermarkt, kaufte ein. Immerhin: Malwina wartete in der Küche auf sie. Die Katze war wieder auf Gesellschaft aus. Das Abendessen verzehrten sie gemeinsam: Sine auf dem hässlichen Stuhl aus Eichenimitat in der Küche, Malwina auf dem Stuhl gegenüber, dessen Sitz Sine mit einer Kiste erhöht hatte. So schaute die Katze sie direkt über den Tisch an. Wo an Sines Platz ein Teller mit Spaghetti dampfte, stand bei Malwina die kleine Futterschale mit den Fischhappen. Niemals hätte Stefan solch ein Katze-Mensch-Arrangement geduldet, aber Stefan war weit weg.

In den nächsten Tagen wurde Malwina lebhafter, ja geradezu unternehmungslustig. Es wurde Zeit, sie an die Umgebung zu gewöhnen und sie nach draußen zu lassen. Das war natürlich mit einem Risiko verbunden: Würde Malwina zurückkehren? Oder würde sie womöglich Reißaus nehmen, von der ungewohnten Umgebung verunsichert, durch irgendein plötzliches Geräusch erschreckt? Sine traf Vorkehrungen. Sie ließ die Terrassentür zunächst nur ein paar Minuten geöffnet, so lange, bis Malwina, die den Kopf vorsichtig nach draußen gestreckt hatte, wieder zurückwich. Dann noch ein bisschen und noch ein bisschen – und irgendwann nahm die Katze tatsächlich recht selbstbewusst auf der Terrasse Platz. Nun war es Zeit für den nächsten Schritt. Sine würde morgen mit ihr hinausgehen, sie locken und ermutigen, und wenn Malwina, was sicher geschehen würde, im nächsten Gebüsch verschwände, auf sie warten, bis sie zurückkäme.

Am nächsten Morgen war Sine aufgeregt, als würde sie selbst einen Ausflug machen. Energisch riss sie die Vorhänge im großen Wohnzimmer zur Seite – und erstarrte: Die Scheiben waren übersät mit riesigen Schnecken. Das Fenster war über- und übervoll mit schwarzen, schmierigen Tieren, die an der glatten Scheibe erstaunlich gut vorankamen. Schwarze Schnegel. Es mussten Hunderte sein. Und auch der Terrassenboden war übersät mit den Tieren! Sine schüttelte es. Dann fasste sie sich ein Herz. Sie schnappte sich den größten Spaten aus dem Schuppen, öffnete die Terrassentür – und schabte die Tiere scharenweise von dem Fenster. Dann den großen

Besen geholt, schließlich den Gartenschlauch ange-
schlossen – und zwei Stunden später war die Saue-
rei beseitigt. Erschöpft warf Sine die Tür hinter sich
zu. Malwina hatte sich unter das schmale Bett in
der oberen Kammer verzogen, in dem Sine mehr
schlecht als recht zu schlafen pflegte. Sine machte sich eine Dose Zitronentee auf. Sie schnitt eine
Scheibe Schwarzbrot ab, zu müde, um nach einem
passenden Belag zu suchen. Sie duschte lange und
sehr heiß. Sie verspürte keinerlei Bedürfnis, Stefan
von diesem seltsamen Ort zu erzählen. Der Akku des
Telefons war ohnehin leer; morgen wäre Zeit genug, ihn aufzuladen und sich zu melden.

Es war am nächsten Tag einfacher als gedacht,
Malwina von der Terrasse in den Garten zu locken.
Die Katze zögerte ein wenig, setzte die plüschigen
Pfoten mit großem Bedacht ins nasse Gras, machte
einen Schritt, noch einen, dann einen Hopser – und
war verschwunden.

Sine war erleichtert – und gleichzeitig besorgt.
Jetzt konnte sie erst einmal nichts tun. Wind kam
auf, und das Wetter kühlte sofort empfindlich ab.
Sine fröstelte. Sie holte sich eine Jacke, zog einen Sessel nach draußen und versuchte zu lesen. Schließlich war das hier ein Urlaub, der erste seit etlichen
Jahren, seit sie sich als Beraterin für Einrichtungen
selbständig gemacht hatte. Aber ihre Gedanken glit-
ten ab, sie war zu unruhig. Sie beschloss, Ordnung

zu schaffen, ließ die Tür offen stehen, räumte die Dinge von links nach rechts und von oben nach unten, putzte ein wenig, schlug nach den Mücken, lauschte intensiv nach draußen – aber Malwina ließ auf sich warten. Endlich, gegen Abend, hörte sie ein lautes Miauen. Und noch eines! Und noch eines! Es klang eher empört als sehnsüchtig. Sine rannte zur Tür. Da gegenüber, unter den Bäumen, saß Malwina, aber sie wagte sich nicht über die freie Rasenfläche. Das lag an zwei mageren, riesigen Katern, die auf der Kastanie hinten im Garten lauerten. Wildkater! Sie schoben ihre hageren, eckigen Körper ein wenig tiefer in den Baum, schienen aber von Sine wenig beeindruckt. Ihre Augen funkelten. Sine klatschte in die Hände und rief nach Malwina – aber es dauerte eine ganze Weile, bis sich ihre Katze im gestreckten Galopp über die Wiese wagte, während die elenden Kater die Verfolgung aufnahmen.

So konnte das nicht gehen!

Am nächsten Tag fuhr Sine entschlossen nach Gartow. In einem Spielzeugladen kaufte sie eine Wasserpistole, eine richtige Pumpgun, und legte sich hinter der Terrassentür auf die Lauer. Malwina wagte sich nach draußen, wagte sich über die Wiese, verschwand. Und als sie abends zurückkehrte und wieder durch lautes Miauen auf sich aufmerksam machte, war Sine bereit: Sie schoss Malwina regelrecht den Weg frei!

Sie fühlten sich beide wie Heldinnen. Zumindest bildete sich Sine das ein – ganz sicher keine Einbildung aber war es, dass Malwina einen so guten Appetit entwickelte wie lange nicht mehr. Sine schlief zum ersten Mal tief und fest. Sie entspannten sich, so schien es, beide ein wenig. Malwina durchstreifte die Umgebung des Hauses und zog immer weitere Kreise. Die Kater lagen weiterhin auf der Lauer, hielten aber Abstand. Sine entdeckte im Wald einen kleinen Badesee. Sie frohlockte zunächst, aber die Leute, die sich dort aufhielten, waren merkwürdig: Anscheinend hatte es viele verkrachte Existenzen hierher verschlagen, Künstler, die niemand kennen wollte, Schriftsteller, die nicht mehr schrieben, Kritiker, um deren Meinung sich schon lange keiner mehr scherte. Wenn diese Männer nackt badeten, was sie anscheinend grundsätzlich taten, wirkte es nicht so, als ob sie nackt baden wollten, sondern so, als ob sie sich keine Badehose leisten konnten. Sie waren auf Gespräche aus und beobachteten einander, jeder sprach schlecht über den anderen. Sine lernte, sie zu meiden. Die Bauern, die man nur abends ins Dorf zurückkehren sah, kümmerten sich nicht um die Neuankömmlinge, die zu viel Zeit hatten und zu viel Vergangenheit; die Bauern hatten genug mit der Gegenwart zu tun. Trotzdem gelang es Sine, ein paar von den Frauen im Dorf kennenzulernen. Sie empfahlen ihr diesen Bäcker und jenen Friseur, sie beantworteten geduldig Sines Fragen und stellten selbst keine einzige. Wenn die Männer zurückkehrten, wurden sie mundfaul und hatten es eilig.

Der Jäger entpuppte sich als ein freundlicher Mann. Er pfiff für Sine seinen Hund herbei, einen prächtigen Setter, der mit dem federnden Gang eines Popstars aus dem Wald hervortänzelte. Der Setter wedelte mit der Rute. Streicheln durfte sie Apollo freilich nicht, sie solle ihn nicht verzärteln, sagte der Jäger. Eine Katze hatte sie mitgebracht? Der Jäger pfiff durch die Zähne: Das hier war keine Gegend für Samtpfoten.

Es wurde August. Das Wetter besserte sich, aber man konnte sich nicht darauf verlassen. Eines Tages wurde Sine von lautem Bellen wach. Schlaftrunken ging sie nach unten, öffnete die Haustür – und erschrak. Da lag ein halbes Reh. Die Gedärme waren aus dem Leib gerissen, die toten Augen glasig. Apollo mit seinem Popstargang fegte gerade um die nächste Ecke.

»Das war nett gemeint«, sagte der Jäger lachend. »Er wollte dir ein Geschenk machen.«

Und dann war Malwina verschwunden. Zunächst hatte sich Sine keine Gedanken gemacht, als die Katze nicht zur üblichen Zeit über die Wiese kam. Längst brauchten sie keine Wasserpistole mehr. Die Kater verzogen sich schon nach oben in die Bäume, sobald sie die viel kleinere Katze erblickten. Aber die

Kater waren unsichtbar. Und keine Spur von Malwina. Auch am nächsten Morgen nicht und nicht am
nächsten Abend. Sine begann zu suchen. Sie wusste,
dass es wenig Sinn hatte, eine Katze zu rufen: Wenn
Malwina sich blicken lassen wollte, würde sie das
tun. Aber nach zwei Tagen wurde die Sorge über-
mächtig. Sine zog sich die Gummistiefel an und
stapfte los. Zum ersten Mal überquerte sie die ganze Wiese, duckte sich unter den tiefhängenden Zweigen der Esche hindurch und schaute auf die Wei-
zenfelder. Sie legte eine Hand über die Augen. Die
Felder reichten, so weit sie sehen konnte. Nichts als
Gelb und Gelb und Gelb. Eine Wüste aus Weizen,
gleißend, heiß, nicht für Menschen gemacht, nur für
Maschinen.

»Malwina! Malwi-i-i-na!« Die Sonne stand hoch
am Himmel und brannte auf das Korn. Sines Haut
begann zu jucken, als Staub- und Getreidepartikel
darauf landeten. Sie kratzte sich die bloßen Arme,
und sofort wurden rote Streifen sichtbar. Gegen die
Mähdrescher und Traktoren auf den Feldern hatte
ihre Stimme keine Chance. Schnell zog sich Sine in
den Schatten zurück. Wohin nur? Sie ging langsam
zurück, schaute sich immer wieder um, bückte sich
unter Bäume, umrundete die großen Büsche, verließ
das Grundstück zur Dorfseite, begann zu rufen, leise
zunächst, als wollte sie bei etwas Verbotenem keinesfalls ertappt werden, dann immer lauter, und schließ-

lich brüllte sie aus Leibeskräften, bis sich ihre Stimme überschlug. Sie lauschte. Stille. Oder beinahe Stille, denn von den Feldern röhrten weiterhin die kräftigen Landmaschinen. Sie rief und rief und versuchte, nicht zu weinen. Sie fasste sich ein Herz und klingelte bei den Nachbarn. »Katze?« Achzelzucken. »Besondere Katze, cremeweiß?« – »Ach, die? Die so aussieht wie geschlagene Sahne?« Hoffnung! »Nö, keine Ahnung, schon länger nicht gesehen. Die ist weg! Vergiss es.«

Sine hielt einen Bauern auf dem Forstweg an, der mit seinem Traktor einen großen Anhänger mit Heu zog.

»Moin! Eine Katze? Die ist sicher längst unterm Mähdrescher gelandet! Passiert mit den Kitzen andauernd!«, rief der Bauer vergnügt, tippte mit einem Finger an den Hut und gab wieder Gas.

Sine fror trotz der anhaltenden Sommerhitze. Als es dunkel wurde, gab sie auf. In der Nacht gewitterte es, und Sine versuchte, sich nicht vorzustellen, wo Malwina gelandet sein könnte. Sie hatte sich auf das durchgesessene Sofa im großen Wohnzimmer gelegt, kämpfte mit der fadenscheinigen Decke und starrte durch die Scheiben ins Dunkle.

Am nächsten Tag hielt sie nichts mehr im Haus. Die Sonne strahlte vom Himmel, und endlich zeigte sich der Himmel einmal in den Sommerfarben, für die die Gegend berühmt war. Sine hatte keinen Blick

für das Himmelsblau, das auf Korngelb und Trakto-
renrot traf, sie schloss den MG auf, klappte mit einer
entschiedenen Handbewegung das Dach auf und
setzte sich hinters Steuer. Langsam, ganz langsam!
Weg um Weg, Straße um Straße fuhr Sine ab, nur,
um immer wieder zu halten, um bald zaghaft und
bald mit gellender Verzweiflung den Namen der Katze zu rufen. Es wurde Mittag. Auf Sines Stirn brannte die Sonne. Es hatte keinen Sinn, das musste sie
sich eingestehen. Malwina war fort und würde es
vermutlich bleiben. Langsam lenkte sie den Wagen
zurück ins Dorf, so müde, dass sie am liebsten den
Kopf aufs Lenkrad hätte sinken lassen. Sie schluckte
trocken. Schon viel zu lange hatte sie nichts mehr ge-
trunken. Ihre Kehle brannte. Da entdeckte sie etwas
am Wegesrand. Ein Bündel Wäsche. Nein – ein Tier.
Cremefarben. Sines Herz schlug heftig. Das Bündel
bewegte sich. Das Bündel saß auf den Hinterpfoten
und schaute ihr entgegen, den Schwanz anmutig
um die Vorderpfoten gelegt. Jeder Zoll eine edle ame-
rikanische Rassekatze: Malwina! Sine bremste abrupt und beugte sich nach rechts, dahin, wo Malwina am Wegesrand saß. Ohne zu überlegen, öffnete
sie die Wagentür und schalt sich im selben Moment
eine Närrin: Jetzt würde sie das sicher verschreckte
Tier endgültig in die Flucht schlagen. Aber, weit gefehlt – Malwina stutzte, zögerte einen Augenblick
und sprang dann mit einem eleganten Satz ins Wa-

geninnere. Sie sprang vom Sitz nach unten, trat ein paar Mal hin und her, drehte und wendete sich – um sich schließlich im Fußraum vor dem Beifahrersitz zusammenzurollen. Wir können losfahren!, schien das gesamte Gehabe der Katze zu sagen. Sine war sprachlos. Und wütend. Und froh. Was blieb ihr übrig, als die Wagentür zu schließen und loszufahren?! Die Katze blieb auch beim Anfahren ruhig, ganz so, als würde sie jeden Tag als Beifahrerin im Cabrio reisen.

Und so hielten sie es in Zukunft: Sine lebte noch ein paar Wochen in dieser seltsamen, menschenleeren Gegend, in der artige Setter halbe Rehe apportierten, Bauern über Katzen unter Mähdreschern lachen konnten und alternde, verzweifelte Nackte im See badeten. Sine hielt es mit der Elbe. Sie lernte es, lange auf das fließende Wasser zu schauen. Die Stille in der Bewegung, das tat ihr gut. Sie gelangte mit dem MG bis hinunter nach Salzwedel. Die spröde Altmark mit ihren noch weicheren Hügeln wurde ihr lieb, die Ausflüge dauerten. Aber immer, wenn sie zurückkehrte, konnte sie sicher sein, irgendwo am Wegesrand ein kleines, cremefarbenes Tier zu entdecken, das anscheinend nur auf die richtige Beförderung wartete – oder auf sie. Auch Malwina machte ihre Ausflüge. Wohin, würde Sine nie erfahren, aber es reichte ihr zu wissen, dass Malwina immer wieder zurückkehren würde.

Der harsche, schwierige Sommer wurde ange-
nehmer und leicht. Die Frau und die Katze ließen
einander mehr und mehr Freiheit, und ihre Reisen
führten weiter und weiter. Und Stefan? Sine hatte
vergessen, wann er das letzte Mal geschrieben hatte.

Christiane Lind

Ich und die Landeier

Ich bin die Katze, die frei umherstreift, und ich bin überall zu Hause. (Rudyard Kipling)

Der Sommer naht, gestern bin ich vom Vogelgezwitscher aufgewacht. Dumme Biester. Eines Tages ... Da wird kein Fenster nicht zwischen uns sein, und dann zieht euch warm an!

Aber heute muss ich erst einmal herausfinden, ob ich mir Sorgen machen muss. Menschen werden nämlich mit dem Wechsel der Jahreszeiten komisch, wahrscheinlich, weil sie nicht das Fell wechseln können wie unsereins.

»Im Sommer machen die Menschen etwas, das sie ›Ferien‹ nennen. Oder ›Urlaub‹«, hat der alte Hund im Tierheim mir erklärt, ein Deutsch-Drahthaar mit grauer Schnauze, aber immer noch viel Jagdfieber Wir Katzen mussten aufpassen, ihm nicht zu nahe zu kommen. Aber ich konnte ihn alles fragen, was ich wissen musste, um im Tierheim über die Runden zu kommen. Von ihm habe ich auch erfahren, wie ich mir Menschen aussuchen konnte und – was noch wichtiger war – wie ich sie dazu brachte, dass sie mich aussuchten.

»Was ist am Ferien so schlimm?«, fragte ich ihn.

»*An* Ferien heißt es. Plural.« Alter Besserwisser. »Ferien sind ein reines Menschending, das machen sie ohne uns.«

»Na und?« Das bisschen, was ich damals schon über die Menschen wusste, passte dazu. Zum Beispiel verlassen Menschen morgens ihr Revier, um erst abends zurückzukehren, wie Kater, die ihre Runde drehen. Aber so lange braucht kein Kater. Entweder sind Menschen sehr, sehr langsam oder ihre Reviere sehr, sehr groß.

Jedenfalls erklärte mir der alte Hund, dass Ferien für unsereins wie auch für die Kläffer ein Problem seien, weil Menschen uns dann einfach irgendwo zurückließen.

»Im Sommer wird's hier noch voller«, prophezeite er mit dunkler Stimme. »Dann stapeln wir uns. Keine Chance auf Vermittlung.«

Als ich sah, wie er traurig den Kopf hängen ließ, wurde mir klar, dass ich alles dransetzen musste, um im Sommer nicht mehr im Tierheim zu sein. Und dass ich mir Menschen aussuchen würde, die niemals auf die Idee kämen, mich auszusetzen. Die ersten zehn Menschen lehnte ich ab. Entweder, ich tat scheu oder fauchte, oder ich zog den Bauch ein und sabberte. Bis endlich die Familie kam, die aussah, als könnte ich sie um die Krallen wickeln. Nach drei Minuten waren sie hin und weg von mir.

Und damit das so bleibt, tue ich wirklich alles. Ich jage Bällchen oder Fellmäuschen hinterher, obwohl der künstliche Pelz sich blöde an den Zähnen anfühlt. Ich schnurre und schmuse, tobe und tanze – das volle Programm. Ich könnte wetten, dass sie mir alle verfallen sind: Männchen, Weibchen und ihre beiden Kleinen. Und es lief alles gut für mich. Bis heute Morgen.

»Was machen wir mit Mimi im Sommer?«, höre ich das Männchen sagen. Diese Frage trifft mich gänzlich unvorbereitet. »Mitnehmen zu deiner Familie nach Schweden können wir sie ja wohl nicht.«

»Warum eigentlich nicht?«, fragt das Weibchen. Sofort renne ich zu ihr und streiche ihr um die Beine. Wenn Menschen etwas Kluges sagen, muss man sie belohnen. »Vielleicht reist Mimi ja gern.«

»Ach ja?«, antwortet er, mit dieser Stimme, über die sie sich immer so ärgert. Das verspricht, interessant zu werden. »Darf ich dich daran erinnern, wie sehr die Katze krakeelt, wenn wir das kurze Stück zur Tierärztin fahren? Ein Flug ist bestimmt nichts für sie.«

Blödsinn. Gegen das Autofahren habe ich überhaupt nichts. Ich habe nur etwas gegen die Tierärztin. Wer lässt sich schon gern piksen oder in den Ohren herumfummeln? Autofahren und fliegen verkrafte ich schon, wenn mein Zuhause davon abhängt. Ganz bestimmt. Ich reibe den Kopf am Frauchen, damit sie ihm das alles erklärt.

Sie seufzt. »Ich fürchte, du hast recht.«

Schneller als ich »Maus« miauen kann, hebe ich die Pfote und fahre die Krallen aus, um sie ihr ins Bein zu schlagen. Zum Glück setzt mein Denkvermögen rechtzeitig wieder ein. Das wäre garantiert nicht hilfreich. Also schnurre ich, so laut ich kann. Wenn ihnen das kein schlechtes Gewissen macht, weiß ich auch nicht weiter.

Frauchen seufzt noch einmal. Verflixt, die Sache scheint ernster zu sein als gedacht. »Also bleibt uns wohl nichts anderes übrig ...« Sie bückt sich und streicht mir über den Kopf. »Mimi, du wirst mir fehlen.«

Autsch! Das darf doch nicht wahr sein! Dafür habe ich nicht das letzte halbe Jahr schöngetan und mich nach Kräften bemüht, die perfekte Familienkatze zu werden. Das werdet ihr mir büßen. Kein Schmusen mehr, kein Kuscheln. Ab sofort wohne ich auf dem Schrank und komme nicht mehr herunter, bis sie in ihre Ferien fahren. Na gut, außer zum Fressen natürlich. Aber ansonsten sehen die nur noch meine funkelnden Augen oder meinen pelzigen Hintern.

Nein, ich werde nicht jammern. Mit eisiger Stille werde ich sie bestrafen, weil sie es wagen, mich zu verlassen. Ich werde so leise sein, dass sich ihnen das Nackenfell aufstellt.

Drei Tage später

»O weia, so schlimm hat sie nicht einmal gejault, als wir mit ihr zur Zahnsteinbehandlung gefahren sind«, meint das Männchen. »Wir hätten Ohropax mitnehmen sollen.«

»Na ja, diese Lautstärke wird Mimi wohl keine zweistündige Fahrt durchhalten.« Typisch Frauchen – denkt immer positiv und hofft auf das Beste. »Psst, Mimi, alles wird gut.«

Von wegen. Die wollen mich abladen wie ein kaputtes Möbelstück. Nichts wird gut! Da muss eine Katze doch jammern. Außerdem war leise sein zu langweilig – jetzt habe ich ihre Aufmerksamkeit. Schon dreimal haben sie angehalten, um mir meine Lieblingssnacks zu geben. Gefressen habe ich die Dinger schon, aber nach einer kurzen Pause gleich wieder mit dem Jammern begonnen.

»Meine Güte, die Katze muss doch langsam heiser werden.« Seine Hände verkrampfen sich um das Lenkrad, dass die Knöchel weiß hervortreten. »Das nächste Mal geben wir ihr Beruhigungstabletten.«

»Sind nur noch zehn Kilometer.« Wieder wendet Frauchen sich zu mir. »Mimi, ruhig. Ist ja bald vorbei.«

Mir doch egal, ob es bald vorbei ist. Ich sorge schon dafür, dass die mich in Erinnerung behalten. Selbst auf die Gefahr hin, dass ich die nächsten Tage, Wochen und Monate nicht mehr maunzen kann.

* * * * * *

»Da seid ihr ja.« Für einen Menschen macht die Frau einen patenten Eindruck. Angenehme Stimme, ehrlicher Geruch, ohne dieses künstliche Zeug, das meine Menschen sich morgens über Körper und Gesicht schütten. »Hattet ihr eine gute Reise?«

»Hallo, Mama, frag nicht!« Mein Herrchen, wie er sich selbst nennt (ich nenne ihn Personal zweiter Klasse, weil er mir seltener Futter gibt als seine Frau), klingt, als wollte er gleich platzen. »Mimi ist wirklich keine Reisekatze.«

»Hallo, Kristine.« Auch Frauchen steigt aus dem Auto. Sie wirkt eher erschöpft als wütend. »Ich hoffe, bei dir benimmt Mimi sich besser.«

»Wo ist sie denn?« Kristine öffnet die Autotür, um mich herauszuholen. Endlich denkt mal jemand an mich, die in eine Transportkiste eingesperrt eine entsetzliche Fahrt mit gestressten Menschen hinter sich bringen musste. »Guten Tag, Mimi, willkommen auf dem Land.«

So ist das also. Dorfleben, ich komme. Ein paar Tage werde ich es hier schon aushalten, obwohl mir die kulturellen Errungenschaften der Stadt sicher fehlen werden. Ob die hier Fernsehen haben?

Aber Moment, was ist das denn? Wenn mich meine Nase nicht täuscht, bin ich hier nicht allein. Mindestens zwei von meiner Art rieche ich. Und einen Kläffer. Probeweise strecke ich meine Krallen aus – ja, sie sind scharf. Ich bin für jeden Revierkampf gerüstet. Ich lasse mir nicht von ein paar Landeiern den Thunfisch aus der Schüssel stehlen. Die werden mich kennenlernen!

»Geht Mimi nach draußen, oder ist sie eine reine Wohnungskatze?« Vorsichtig trägt Kristine mich ins Haus. Auch hier riecht, nein, *stinkt* es nach anderen. Typisch Kater! Müssen überall ihre Duftmarken hinterlassen, als ob sie was Besonderes wären. »Batman und Robin sind es gewohnt, dass alle Türen offen stehen. Wenn Mimi im Haus bleiben soll ...«

Batman und Robin? Das meint sie nicht ernst, oder? Na, auf die Kerle bin ich neugierig.

Endlich kommen wir in einen riesigen Raum, in dem ich mich sicher wohlfühlen würde, wenn mich endlich jemand aus der blöden Box ließe.

»Bei uns geht Mimi ab und zu raus, aber ich glau be, es ist ihr unheimlich.«

Hallo, was soll das denn heißen? Ich bin nicht ängstlich. Ich finde nur, draußen zu sein wird überschätzt. Warum sollte ich eine ruhige Wohnung mit weichem Bett und gutem Futter gegen eine wettergeplagte Weite eintauschen? Auf solche Ideen können nur Menschen kommen.

»Wo sind deine Kater?«, fragt Frauchen, Personal erster Klasse. »Meinst du, sie kommen mit Mimi aus?«

»Ach, die beiden sind an sich friedlich.« Etwas in Kristines Stimme lässt mich aufhorchen. So klingen Menschen, wenn sie schwindeln. Aber natürlich bemerken Herrchen und Frauchen das nicht.

»Miangh! Miiiiangh!«, bringe ich mich in Erinnerung, mit dem gewünschten Resultat.

»Entschuldige, Mimi, komm raus.« Kristine öffnet die Tür meines Gefängnisses. »Die ersten paar Tage bleibst du am besten hier.«

»Ja, das fehlt uns noch, dass sie wie dieser Kater aus Braunschweig nach Hause läuft«, antwortet mein Herrchen. Als ob ich so wahnsinnig wäre, mich auf eine derart lange Reise zu begeben.

»Oder wie das Kätzchen in Australien«, ergänzt Frauchen. Sie nimmt mich auf den Arm und streichelt mir über das Fell.

Genießerisch schließe ich die Augen. Mein Schnurren jagt ihr hoffentlich ein schlechtes Gewissen ein.

»Ach, Mimi, ich werde dich vermissen.«

Eins zu null für mich. Ich lasse den Kopf hängen und jaule noch ein wenig, damit sie sich richtig mies fühlt.

»Wir sind doch bald wieder zurück, Mimi«, verspricht mir Frauchen. »Kristine, hier ist noch eine

Ration von Mimis Lieblingssnacks. Das sollte für vier Wochen reichen.«

Vier Wochen? Vier Wochen allein unter Landeiern. Nun lasse ich den Kopf wirklich hängen.

Während die drei aus dem Zimmer gehen, höre ich noch die sorgenvolle Stimme meines Frauchens: »Ich hoffe nur, dass alles klappt.«

»Macht euch mal keine Sorgen«, antwortet Kristine fröhlich. »Für eine Katze ist das hier ein Paradies. Mimi kann so viel entdecken, jagen, raufen, sie kann alles machen, was Stubentiger lieben.«

Jagen? Ich? Wie konnte ich Kristine jemals für sympathisch halten? Während ich mir noch überlege, wie ich diesem Elend entgehen kann, nähert sich mir ein Geruch. Blitzschnell springe ich herum, die Pfote mit ausgefahrenen Krallen erhoben, bereit, mein Leben und dieses Zimmer zu verteidigen.

»Okay. Wir bleiben jetzt alle mal ganz ruhig.« Der Kater, der mit mir spricht, als hätte ich nicht mehr alle Näpfe im Schrank, ist ein Riese, bestimmt doppelt so groß wie ich, tiefschwarz mit einem weißen Unterbauch. Der macht mich in drei Minuten fertig, wenn es hart auf hart kommt. Also cool bleiben, Mimi. Cool bleiben.

»Hallo. Ich bin Mimi.« Ich bemühe mich um eine sanfte Stimme und ein freundliches Gesicht. »Bist du Batman? Oder Robin?«

»Ich bin Schwarznase«, sagt der Kater, wobei er

reichlich angepisst aussieht. »Wehe, du sprichst mich mit dem blöden Namen an, den mir die Menschen gegeben haben.«

»Freut mich, Schwarznase. Und wo ist Rob... dein Kumpel?«

Da taucht aus dem Schatten hinter Schwarznase ein weiß-schwarzer Kater auf. Hatte ich eben gesagt, dass Schwarznase ein Riese ist? Robin – oder wie immer Schwarznases Kumpel heißt – ist gewaltig. Der muss Tiger- oder Löwen- oder Doggengene haben. Normale Katzen werden niemals so groß.

Aber halt – der Kerl ist zwar riesig, scheint allerdings nicht viel Mumm zu haben. Er versteckt sich hinter seinem Kumpel und starrt mich aus aufgerissenen Augen an, als wäre ich hier das Riesenviech. Am liebsten würde ich »Buh« sagen, doch ich fürchte, dass Schwarznase keinen Humor besitzt.

»Das ist mein Bruder Weißbauch.« Schwarznases Stimme und Blick sagen mir deutlich, dass ich besser keine Späßchen mit Weißbauch treibe.

»Wie lange lebt ihr Jungs schon hier?«, frage ich, um einen forschen Ton bemüht. Aber wenn ich nicht von Beginn an klarmache, wo der Hase langhoppelt, kommen vier harte Wochen auf mich zu. Das kenne ich aus dem Tierheim. »Ich bleibe nur vier Wochen, also können wir alles easy angehen.«

»Wovon redet die?«, fragt Weißbauch seinen Bruder, wobei er noch immer meinem Blick ausweicht.

»Sie macht uns keinen Ärger, wir machen ihr keinen Ärger.« Schwarznase spricht beruhigend auf seinen Bruder ein, der anscheinend nicht der Hellste ist. »So ist das doch, nicht wahr, *Mimi*?«

Die Art, wie er meinen Namen betont, gefällt mir gar nicht. Aber ich bin hier zu Gast, also werde ich höflich bleiben – jedenfalls, bis ich herausgefunden habe, wie der Laden läuft.

»Klar, Schwarznase, alles super.« Ich strecke mich und lasse dabei ein bisschen die Krallen blitzen, damit sie sehen, dass ich ihnen nicht hilflos ausgeliefert bin. »Also, zeigt ihr mir jetzt euer Revier, oder muss ich alles allein erkunden?«

Die Kater wechseln einen verschwörerischen Blick, aber sie werden mir schon nichts tun. Kristine beschützt mich sicher. Hoffe ich jedenfalls.

»Komm mit.« Schwarznase läuft voran, sein Bruder hinterher. Mir bleibt nichts anderes übrig, als mich ihnen anzuschließen. »Was willst du alles sehen?«

Mit der Frage habe ich gar nicht gerechnet. »Ach, ich würde mir gern so einen groben Überblick verschaffen«, presse ich schließlich heraus und hoffe, dass es nicht zu dämlich klingt. »Was gehört denn alles hierzu?«

»Dann fangen wir bei Harras an«, schlägt Schwarznase vor, was bei Weißbauch sofort zu Schnappatmung führt. »Oder hast du Angst vor Kläffern?«

»Nee, auf keinen Fall. In der Stadt gibt es Tausende davon.« Dass ich die allerdings nur aus der Sicherheit meines Hauses beobachte, verschweige ich lieber, sonst halten die Landeier mich noch für ein verwöhntes Weichei.

»Harras – Mimi. Mimi – Harras.« Schwarznase gibt mir einen Schubs, sodass ich dem riesigen Kläffer fast vor die Schnauze falle. Dann verduften er und sein feiner Bruder schneller, als ich »Miarf« sagen kann.

Der Hund schaut mich überrascht an. Ich schaue mindestens genauso fassungslos zurück. Wow, ist der massiv. Als er mich anknurrt, erblicke ich gewaltige Zähne. Harras scheint es nicht so mit Katzen zu haben – kein Wunder, wenn ich mir Schwarznase und seinen Kumpel so angucke.

»Hallo, Harras«, maunze ich freundlich, wobei ich mich gleichzeitig nach einer Fluchtmöglichkeit umsehe. Müsste der Hund nicht angeleint sein? Oder hinter Gittern? »Nett, dich kennenzulernen.«

Was Harras mir antworten wollte, werde ich wohl nie erfahren, denn in diesem Moment biegt meine Rettung um die Ecke.

Kristine.

»Harras! Sitz!« Nur zwei Worte, und der Kläffer sitzt sofort auf seinen Hinterpfoten. »Sag mal, Mimi. Das fängt ja gut an. Heute solltest du doch noch gar nicht auf den Hof gehen.«

»Miargh, miam!« Voller Dankbarkeit schmeiße ich

mich an Kristines Bein, um ihr klarzumachen, dass sie mein Leben gerettet hat. Natürlich lasse ich es mir nicht nehmen, nebenbei mit meinem Schwanz unter Harras' Nase herumzuwedeln, in der sicheren Gewissheit, dass er es in Kristines Nähe niemals wagen würde, mich zu beißen. Dann nimmt sie mich auf den Arm und trägt mich ins Haus.

Die beiden Feiglinge Schwarznase und Weißbauch lassen sich den ganzen Abend nicht mehr blicken, als fürchteten sie Ärger mit Kristine. Mir soll's recht sein. Auf diese Weise habe ich ihren Schoß für mich und genieße die Streicheleinheiten, während wir Fernsehen schauen. So kann es bleiben.

* * * * * *

»Wir hatten einen ...«, Schwarznase räuspert sich geräuschvoll, »... etwas unglücklichen Start.« Immerhin scheint er ein schlechtes Gewissen zu haben. Oder er versucht, mich auszutricksen. Aber das passiert mir kein zweites Mal. Ab jetzt werde ich vorsichtiger sein.

»Unglücklicher Start«, echot sein Bruder. »Wird besser.«

»Kann eigentlich nur besser werden«, antworte ich fröhlich, um den Jungs das Gefühl zu geben, ich wäre total lieb und harmlos. Wartet nur ab, das Abenteuer mit Harras zahle ich euch noch heim. »Vergessen wir gestern.«

»Wir wollten dir den Hof und die Weiden zeigen«, sagt Schwarznase, der Wortführer.

Weißbauch nickt. »Falls du dich traust.«

»Aber klar. Gern.« Schlimmer als gestern kann's ja nicht werden. Schließlich haben wir Katzen nicht allzu viele natürliche Feinde, oder? Zumindest nicht in der Stadt. Auf jeden Fall werde ich mich eng an Schwarznase halten, so schnell haut der mir nicht wieder ab.

Nachdem eine Weile auf unserem Spaziergang über den Hof nichts passiert, beginne ich, den Weg zu genießen, das Gefühl von Gras unter meinen Pfoten, den Geruch der Erde, die sich in der Sonne erwärmt. Vielleicht komme ich doch besser mit dem Landleben klar, als ich dachte.

»Wo geht's heute hin?«, frage ich, damit wir uns nicht die ganze Zeit anschweigen. »Habt ihr noch einen Kläffer für mich?«

»Nein. Es gibt nur Harras«, flüstert Weißbauch leise, als könnte der Kläffer ihn sonst hören. »Heute nur Kühe. Harmlos.« Obwohl er mir so gut wie nichts verraten hat – was zur großen Katze sind Kühe? –, bekommt er von Schwarznase eins mit der Pfote übergezogen.

»Kühe also«, sage ich, als hätte ich schon Tausende gesehen. Die gibt's bestimmt im Zoo, aber da kommen Katzen ja nicht rein, was irgendwie unfair ist. »Viele?«

»Schau selbst.« Plötzlich macht Schwarznase eine unvermutete Drehung nach rechts. Aber ich bin vorbereitet und drehe mich mit, damit er mich nicht wieder im Stich lassen kann.

Vor uns auf der Weide stehen Dutzende von großen Tieren, die alle schwarz-weiß gefleckt sind wie Weißbauch. Das müssen die Kühe sein. Sie interessieren sich nicht die Bohne für uns, sondern behalten die Köpfe unten. Ich pirsche mich etwas näher an sie heran. Aha, sie fressen also Gras. Mache ich auch manchmal, damit ich die Haare aus dem Magen herausbekomme. Die Viecher hier müssen viel Fell im Magen haben, wie die das Grünzeug wegfuttern.

Eine der Kühe schaut mich direkt an. Sie macht einen freundlichen Eindruck, hat große braune Augen, eine riesige Nase, scheint absolut friedlich. Also schleiche ich noch näher, gefolgt von den mutigen Katern. Da entdecke ich es!

»Was haben die armen Viecher denn da am Bauch?« Mich schüttelt es. Das muss beim Laufen unheimlich stören.

»Hä?«, fragt der weiß-schwarze Kater. Habe ich schon erwähnt, dass er nicht besonders pfiffig ist?

»Na, das da.« Muss ich ihn mit der Nase draufstoßen?

»Da kommt doch die Milch raus.« Schwarznase schaut mich an, als wäre ich total dämlich. »Daraus machen die Menschen dann Quark und Joghurt und Käse.«

»Du verarschst mich!« Ich schlucke.

»Nein, echt«, springt Weißbauch seinem Bruder bei. »Abends gehen die Kühe in den Stall und werden gemolken. Da bekommen wir leckere Milch, frisch aus dem Euter.«

Das war's! Mir wird übel. Ab heute werde ich niemals mehr Milch anrühren. Joghurt auch nicht. Denk an was Schönes, Mimi. Thunfisch. Lachs. Garnelen ...

Schon besser.

»Jetzt habe ich aber genug Weide gesehen. Was gibt's bei euch noch?« Wieder wechseln die Kater einen Blick, der mir gar nicht gefällt.

»Die Scheune«, antwortet Schwarznase – wer sonst? »Unser Revier. Falls du allerdings Staub nicht magst ...«

»Staub? Liebe ich. Haben wir bei uns zu Hause in allen Ecken.« Gut, dass Frauchen das nicht hört. Wie hat sie gekreischt, als ich mit Spinnweben in den Barthaaren hinter dem Sofa auftauchte. Vor allem, weil der Chef von Herrchen zu Besuch war.

Wieder folge ich den Katern über die Wiesen, während das Gras meine Pfoten kitzelt. Wir gelangen zu einem Haus, das besagte Scheune sein muss. Es sieht aus wie jedes andere Gebäude, hat nur weniger und kleinere Fenster. Sicherheitshalber – den Katern traue ich nur so weit ich sie am Nackenfell schleppen könnte – prüfe ich, ob es mehrere Ausgänge gibt.

In der Scheune komme ich aus dem Staunen nicht heraus. Durch die schmalen Fenster fällt Sonnenlicht auf etwas Goldenes, das überall herumliegt. Davon steigen Partikel auf, die in der Sonne tanzen.

»Was ist das?«, frage ich, bevor mir einfällt, dass ich ja cool und wissend wirken wollte.

»Kennst du kein Stroh?« Warum kommen die doofen Fragen immer von Weißbauch? »Das bleibt vom Getreide übrig, nachdem es gemäht wurde.«

Und wenn ich es bis ans Ende meiner Tage nicht herausfinde, ich werde den Kläffer tun und fragen, was Getreide ist. Aber Stroh gefällt mir, das muss ich mir unbedingt genauer ansehen. Doch kaum habe ich die ersten Halme erreicht, fängt meine Nase an zu kitzeln, heftig wie noch nie. Ich niese und niese und niese ... es nimmt kein Ende. Irgendwann stoppt das Jucken in meiner Nase, sodass ich wieder Luft holen kann. Staub auf dem Land und Staub in der Stadt unterscheiden sich gewaltig.

»Ich wollte dich gerade warnen.« Schwarznase lächelt hämisch. »Von dem Strohstaub muss man niesen. Jedenfalls, wenn man dumm genug ist, zu nah heranzugehen.«

»Habe ich gerade bemerkt. Aber ich finde ja, man sollte alles mal ausprobiert haben.« Blöder schwarzer Kater! Entspannt setze ich mich hin, um den Staub aus meinem Fell zu putzen, als plötzlich ...

... hinter dem Stroh etwas Kleines, Bepelztes auftaucht und in einem Affenzahn an mir vorbeigaloppiert.

»Miarrgh!« Aus dem Stand hüpfe ich mindestens fünf Meter in die Höhe. Gute Güte, dieses Landleben verschafft mir noch einen Herzinfarkt. »Was war das denn?«, frage ich den weiß-schwarzen Kater, der nur dämlich vor sich hin kichert. In der Stadt würde der keine zehn Minuten überleben. Das erste Auto wäre seins, hundertpro.

»Das, meine Liebe«, antwortet der schwarze Kater stattdessen mit einem breiten Grinsen, »das war eine Maus. Hauptnahrungsmittel der Hofkatze. In der Stadt gibt es die wohl nicht?«

Mist! Riesenmist! Doppeloberriesenmist! Klar kenne ich Mäuse. Aber meine sind aus Stoff und bewegen sich nur, wenn ich sie in die Luft werfe. Dass es auch lebendige Mäuse gibt, war mir nicht klar. Bei uns zu Hause jage ich nur Achtbeiner und Fliegetiere. Wie komme ich aus der Nummer nur wieder raus, ohne blöd auszusehen? Denk nach, Mimi, denk nach!

»Ach, *das* sind eure Mäuse«, sage ich schließlich und knabbere gelangweilt an meinen Krallen. »Die sind aber klein. Bei uns in der Stadt ...«

»Sind sie viel größer?«, ergänzt mich der schwarze Kater. Höre ich da etwa Ironie? Das hätte ich dem Landei gar nicht zugetraut. »Lass uns jagen gehen.«

Seine letzten Worte versetzen mich in Panik. Jagen? Ich? Diese kleinen bepelzten Dinger? Warum sollte ich etwas verfolgen, das viel kleiner und bestimmt viel schneller ist als ich?

»Ach, nee, lass man gut sein«, wiegele ich ab und hoffe, dass er mir die Furcht nicht anhört. »Ich hatte heute schon genug Sport. Und so kleine Dinger fordern mich nicht heraus.«

Da lässt sich der weiß-schwarze Kater auf die Seite fallen und bricht in hysterisches Miauen aus. Wie konnten meine Menschen nur auf die Idee kommen, mich als intelligente Stadtkatze zu den Dorfdeppen zu verfrachten? Nur damit sie ihre Ferien genießen können!

»Die Maus war dir also zu klein?«, fragt Schwarznase. In seinen Augen ist ein tückisches Funkeln. »Bei euch in der Stadt sind Mäuse größer?«

»Habe ich das nicht gesagt?« Meine Güte, wie doof sind die hier eigentlich? Wie der eine heißt, so sieht der andere aus. »Bei uns in der Stadt ignorieren wir solche Winzmäuse.«

»Also habt ihr *richtig große* Nager?«, fragt er zum tausendsten Mal.

Ich gewähre ihm keine Antwort.

Da deutet er mit der Pfote hinter mich. »Die Größe etwa?«

Betont langsam drehe ich mich um und springe dieses Mal mindestens zehn Meter in die Höhe. Mein Fell sträubt sich, mein Herz schlägt so laut, dass ich mein eigenes Aufkreischen kaum höre. Vor mir steht ein Monster. Heilige Bastet, Göttin der Katzen. So etwas habe ich noch nie gesehen.

Das ist eine Riesenmaus. Der Godzilla unter den Mäusen. Dichtes graues Fell, schwarze, extrem bösartig blickende Augen, eine spitze Schnauze, aus der riesige Zähne hervorragen, und ein langer nackter Schwanz. Das Biest bleibt ruhig sitzen und starrt mich an.

Verflixt, was soll ich machen?

Wenn ich das Viech angreife, ist mein Leben keinen Pfifferling mehr wert. Dieses Trumm macht mich in fünf Minuten fertig – in maximal fünf Minuten. Aber wenn ich abhaue, machen sich die Kater bis ans Ende aller Tage über mich lustig, und das könnte ich beim besten Willen nicht verknusen. Ein schneller Blick nach hinten bestätigt meine Vermutung: Da sitzen die Jungs auf ihren Hintern und schauen zu, wie Mimi die Sache mit der Monstermaus regelt.

Denk nach, Mimi, denk nach!

Also hole ich tief Luft und schalte das Gehirn ein, höre nicht auf den Bauch, der hysterisch kreischt: Lauf um dein Leben!

Fakten-Check: Erstens ist das Biest megagroß und

sieht megamies aus. Zweitens: Wenn es wirklich gefährlich wäre, würden die Kater hinter mir nicht feixen, sondern angreifen oder weglaufen. Ergo ist das Ganze ein Test für die Stadtkatze. Da habt ihr euch aber gewaltig geschnitten, Jungs!

»Hey, Digga, was geht?« Betont langsam schlendere ich auf das Megaviech zu, in der Hoffnung, dass es mir die coole Großstadtkatze abnimmt und sich nicht provoziert fühlt. Hinter mir höre ich die Kater tief einatmen. Tja, damit habt ihr nicht gerechnet!

»Wen nennst du hier dick? Ich bin eine vollkommen normalgewichtige Ratte«, grollt das Monster mit tiefer Stimme. »Wer bist du überhaupt?«

Ups, da scheine ich den wunden Punkt der Megamaus getroffen zu haben. Bloß nicht mehr Gewicht oder Figur erwähnen. »Kein Stress, Mann«, sage ich. »Ich bin Mimi aus Kassel. Meine Menschen haben mich hier abgeladen.«

»Warum?« Das Biest kommt näher und setzt sich zwei Pfoten breit vor mir auf den Boden. Seine Nase zittert. »Also, Mimi aus Kassel, sollst du hierbleiben? Falls ja, dann lass mich eins klarstellen.« Beim Sprechen gewährt mir das Tier einen guten Blick auf seine scharfen Zähne. Müsste es nicht verboten werden, dass Ratten so groß werden?

»Kein Stress«, wiederhole ich, was mir ein wütendes Augenrollen und noch mehr Nasenzittern ein-

bringt. Mister Monster mag es offenbar nicht, unter-
brochen zu werden. »Alles easy, Alter.« Hoffentlich
hat diese Ratte nicht auch noch Probleme mit dem
Altern. Schnell quassele ich weiter. »Ich bleib nur
ein paar Tage. Da müssen wir beide uns keinen Ärger machen, oder? Leben und leben lassen, sag ich
immer.«

»Wo habt ihr die denn hergeholt?«, grollt das Riesenviech an meine Kumpels gewendet, die gerade
erfolgreich versuchen, Katzenstandbilder zu imitie-
ren. »Wollt ihr mich vergackeiern?«

»Pass mal auf«, sage ich mit meiner besten Clint-
Eastwood-Imitation. »Wir können das hier friedlich
regeln, oder ...«

»Oder was?« Nun richtet das Monster seine volle
Aufmerksamkeit wieder auf mich.

Oh, oh. Jetzt hilft mir nur noch ein großer Bluff.
Ich setze mich auf die Hinterbeine, hebe die Vorderpfoten und brülle: »Miiii-arrr!«

Die Ratte bleibt stehen, auf ihrem Gesicht zeich-
net sich Unglauben ab.

Elegant presche ich nach vorn, wobei ich erneut
schreie. »Miii-arrgh!« Als ich angreife, ist mein Geg-
ner so überrascht, dass ich ihn umhauen kann. Das
ist meine Riesenchance. Ich springe auf die Ratte, um-
schließe ihre Kehle mit den Zähnen – igitt, schmeckt
das fies! – und knurre: »Rrgib disch odr du bischt
ddran!« Mit so viel Fell im Maul fällt das Sprechen

schwer. Ich beiße noch etwas fester zu, und die Ratte erstarrt.

»Ich ergebe mich. Ich ergebe mich!«

»Okay«, sage ich und bringe schnell wieder einen Sicherheitsabstand zwischen uns beide. »Ich werde vier Wochen hier wohnen. In der Zeit sollten wir beide uns besser nicht noch einmal begegnen. *Capito?*«

Das Monster nickt und galoppiert davon, als wären die Höllenhunde hinter ihm her. Ich drehe mich zu den Katern um, die mich anstarren wie das achte Weltwunder.

»Und ihr habt's hoffentlich ebenfalls begriffen?«

Sie nicken.

Mit hoch erhobenem Schwanz trotte ich zurück ins Haus. Auch wenn ich den ganzen Weg über Rattenfell ausspucke, das war's auf jeden Fall wert.

* * * * * *

Einige Tage später habe ich mich, anpassungsfähig wie alle meiner Art, an das Landleben gewöhnt und chille. Morgens Frühstück bei Kristine, anschließend ein bisschen über die Weiden laufen, Mittagessen bei Kristine, Mäuse erschrecken in der Scheune, ein Schläfchen, Harras ärgern, Abendessen bei Kristine, gefolgt vom gemeinsamen Fernsehen und Schlafen. Durch die gute Landluft habe ich einen Riesenappetit und vom vielen Herumgerenne Muskeln bekom men. So kann es die nächsten Wochen bleiben. Urlaub auf dem Land ist gar nicht übel.

Doch dann bemerke ich, dass irgendetwas nicht stimmt. Inzwischen kenne ich die beiden Kater gut genug, um mitzubekommen, wenn sie mir etwas verheimlichen. Ständig ist einer an meiner Seite, während der andere verschwindet. Meine Neugier ist geweckt. Ich tue harmlos, rolle mich zusammen und gähne. Soll Weißbauch doch glauben, dass ich ein Nickerchen mache.

Wie geplant beobachtet er mich eine Weile, bis er davon überzeugt ist, dass ich tief und fest schlafe. Dann dreht er sich um und läuft davon. Ich gewähre ihm einen kleinen Vorsprung, bevor ich aufspringe und ihm auf leisen Pfoten folge. Zu meiner Verwunderung schaut sich Weißbauch mehrmals um. Ahnt er, dass ich ihn austricksen will? Ist er am Ende doch nicht so doof, wie ich dachte?

Sicherheitshalber halte ich Abstand. Der Kater verschwindet in der Scheune. Da kann doch nichts Besonderes sein? Dort habe ich erst gestern einer Mäusefamilie, die sich nichts ahnend sonnte, den Schock ihres Lebens verpasst. Weißbauch verschwindet in die Tiefen der Scheune, ich hinterher.

»Was macht ihr da?«

Schwarznase und Weißbauch können auch ganz schön hoch hüpfen. Stadtkatze Mimi weiß eben, wie man sich anschleicht! Die beiden sehen ertappt aus.

Und nicht nur das: Sie scheinen sauer zu sein, dass ich ihnen gefolgt bin. Sich aufzuplustern und wie eine Wand aus Fell, Zähnen und Krallen vor mir aufzubauen, ist doch ein bisschen übertrieben für meinen kleinen Scherz, oder?

»Verschwinde, Stadtkatze«, grollt Schwarznase. So griesgrämig habe ich den Chefkater noch nicht erlebt.

»Ja, hau bloß ab«, eifert Weißbauch ihm nach.

Wenn ich jetzt klein beigebe, bekomme ich hier nie eine Pfote auf den Boden. Also plustere ich mich ebenfalls auf. Ihr macht mir keine Angst, ihr nicht!

Schweigend stehen wir uns gegenüber, starren uns in die Augen – ich werde nicht als Erste blinzeln. Ich nicht.

Ha, gewonnen! Der Weiß-Schwarze wendet den Blick ab. Der Schwarze versucht weiter, mich niederglotzen. Ich halte dagegen. Da musst du schon früher aufstehen, Landei!

»Verschwinde, oder du wirst es bereuen«, zischt Schwarznase.

»Sagt wer?«, antworte ich und plustere mich noch mehr auf.

Er grollt.

Ich fauche.

Weißbauch jault, ein nerviges Geräusch.

Plötzlich ertönt ein leises Stöhnen hinter der Mauer aus wütenden Katern. Haben die beiden etwa eine

Maus erwischt? Ich würde die kleinen Dinger nie töten oder mit ihnen spielen, aber für die Kater lege ich keine Pfote ins Feuer.

Aber nein, Mäuse seufzen nicht. Also haben die Landeier sich ein anderes Opfer gesucht. Und ich dachte, wir könnten Freunde werden. Wut und Enttäuschung geben mir einen Kick, sodass ich den Schwarzen mit ausgefahrenen Krallen anspringe, fauche, spucke, kreische. Dermaßen laut bin ich, dass er überrascht zur Seite springt, woraufhin ich die Bescherung sehen kann.

Wie konnte ich den Blutgeruch nicht bemerken, der dick in der Scheune schwebt? Mir wird übel. Vor mir im Heu liegt eine von uns, eine zarte Dreifarbige. Glückskatze nennen die Menschen sie. Aber Glück hatte sie wohl keines. Ihre Seite ist aufgerissen, Blut pulsiert aus der Wunde. Ihre schönen grünen Augen sind von einem dunklen Schleier überzogen. Aber das Schlimmste sind die drei Jungen, die neben ihr liegen. Sie sind winzig, haben die Augen gerade erst offen. Ohne ihre Mutter können sie nicht überleben.

»Wir müssen was tun!«, schnauze ich die Kater an, die betreten zur Seite schauen. Kater! In Zeiten der Not hilfreich wie ein Stück Holz. »Sonst stirbt sie.«

»So schlau sind wir auch«, murrt Schwarznase, guckt dabei aber so traurig, dass ich ihm nicht böse sein kann. »Ich habe die Wunde sauber geleckt, aber sie blutet weiter.«

»Was ist passiert?«, frage ich. Es darf nicht sein, dass hier vier Leben auf einmal enden. »Wer hat dir das angetan?«

»Der kleine Schwarze«, antwortet die Katze, ihre Stimme nur ein Hauch. »Er ist mir weggekrabbelt. Auf den Weg. Da kam eins der lauten Blechdinger ...«

Mehr muss sie nicht sagen. Wie jede Mutter hat sie versucht, ihr Kind zu retten. Meine Kehle fühlt sich an wie zugeschnürt. »Wir holen Kristine«, sage ich schließlich.

»Nein!« Obwohl sie schwach ist, bemüht sie sich aufzustehen. »Keinen von denen. Niemals!«

»Dann stirbst du.« Wie kann sie nur so stur sein? Sie muss doch an die Kleinen denken. »Und wenn du stirbst, sterben deine Jungen auch.«

»Menschen haben meine ersten Kleinen ...« Ihre Stimme bricht. Weißbauch legt sich neben sie, leckt ihr beruhigend den Kopf. Dankbar schließt sie die Augen. »... ermordet. Sie haben sie in einen Sack gesteckt und in den Fluss geworfen. Ich habe sie schreien gehört. So lange.«

Mir verschlägt es die Sprache. Auch in der Stadt gibt es grausame Menschen, die Schwächeren Übles antun, aber noch nie habe ich gehört, dass jemand die Schutzlosesten der Schutzlosen tötet. »So etwas würden unsere Menschen nicht tun«, presse ich schließlich hervor. »Die Frau ist gut zu uns.«

»Das dachte ich auch.« Die Katze ist kaum noch zu verstehen. »Meine Menschen. Sie …« Ihr Atem stockt.

Vorsichtig nähere ich mich ihr, suche nach Anzeichen, ob sie noch lebt. Ganz leicht nur hebt und senkt sich ihre Brust. »Bleibt bei ihr«, befehle ich den Katern. In gestrecktem Galopp renne ich ins Haus. Lass es nicht zu spät sein, bete ich zur Katzengöttin.

»Was ist denn mit dir los, Mimi?« Kristine streicht mir sanft über den Kopf. »Haben die beiden Kater dich wieder geärgert?«

»Miöörgh«, rufe ich, unser Wort für große Gefahr, aber sie versteht mich nicht. Warum sind Menschen bloß so unkommunikativ? »Miang! Mianggg!«

Sie kapiert es einfach nicht. Meine Gedanken purzeln übereinander wie Kitten, die im Sonnenlicht spielen. Die Kitten. Ich muss sie retten. Endlich habe ich die zündende Idee.

Vorsichtig schüttele ich ihre Hand ab und laufe zur Tür.

»Miag!«

»Möchtest du raus?«

»Miag!«

»Bitte schön.« Kristine öffnet mir die Tür. Ein Mensch, der Türen öffnet, tötet bestimmt keine Babys? Ich muss meinem Katzenverstand trauen. »Das nächste Mal benutzt du bitte wieder das Fenster.«

»Miiiarf!« Halb trete ich hinaus, schaue sie auffordernd an. Hoffentlich begreift sie endlich, was ich von ihr will.

»Ach, ihr Katzen. Erst wollt ihr rein, dann wollt ihr raus.« Sie bückt sich, streicht mir über das Fell und dreht sich schon wieder um.

»Mei-rei!«, kreische ich mit aller Kraft, laufe ein Stück nach draußen, drehe mich nach ihr um und kreische erneut. Wenn das nicht hilft, dann weiß ich nicht mehr weiter. »Määäng.«

»Mimi, hast du etwas Falsches gegessen?« Immerhin folgt Kristine mir ein Stückchen. »Deine Familie verzeiht es mir nie, wenn du dich hier vergiftest.«

Sie greift nach mir, aber ich ducke mich weg, laufe weiter. Sie folgt mir. So wie geplant. Aber langsam, viel zu langsam.

Endlich haben wir die Scheune erreicht. Riecht sie denn das Blut nicht? Wie können Menschen mit derart schwachen Sinnen überleben? So schnell es geht, führe ich die Frau zur Glückskatze. Die beiden Kater sitzen neben ihr, hilflos wie die drei Kitten.

»Was ist denn hier passiert?« Vorsichtig nähert Kristine sich der verwundeten Katze. »Ach, du Arme. Wir müssen dich sofort zum Tierarzt bringen. Dich und deine Babys.«

Ja! Ich wusste es: Sie ist ein guter Mensch. Aber die Glückskatze glaubt ihr nicht. Mit letzter Kraft faucht sie und spuckt und zeigt ihre Krallen. Kristine weicht zurück.

»Lass dir doch helfen, du dummes Stück!«, kreische ich frustriert. Die Kater ducken sich und tun so, als ginge sie das alles nichts an. »Denk an deine Kleinen.«

»Das mache ich ja.« Taumelnd erhebt sich die Glückskatze, versucht, ihre Jungen davonzutragen, doch ihr knicken die Beine weg. Es ist ein Bild zum Erbarmen. »Hilf mir. Rette meine Babys.«

»Pscht, Katze. Alles wird gut.« Kristine spricht mit leiser, einschmeichelnder Stimme. Aber was macht sie jetzt? Ich erstarre. Sollte die Glückskatze recht behalten, und Menschen meinen es wirklich schlecht mit unseren Kindern? Während Kristine ihre Strickjacke auszieht, bereite ich mich vor. Wenn *sie* den Kitten wehtut, werde ich *ihr* wehtun. Aber nein, sie legt die Jacke ins Heu. Sanft hebt Kristine die Glückskatze an, obwohl sie immer noch faucht und spuckt. Ununterbrochen leise redend, wickelt die Frau die Katze und ihre Kitten in die Jacke. Dann rennt sie zu der stinkenden Blechkiste. Noch im Laufen holt sie dieses seltsame Ding aus ihrer Tasche, mit dem die Menschen reden, als ob es antworten könnte.

»Hallo, Buchholz hier. Ich habe eine angefahrene

Katze mit drei Jungen.« Kurz schweigt sie. »In fünf Minuten bin ich da. Es sieht nicht gut aus.«

Die Kater und ich wechseln einen Blick. Uns bleibt nichts anderes übrig, als der Frau hinterherzuschauen und zu warten.

* * * * * *

Wir warten und warten und warten. Ich tigere über den Hof zur Scheune, wieder zum Haus, zurück zur Scheune. Nichts.

Endlich hören meine feinen Ohren die Blechkiste. Sofort kommen die Kater angerannt. Gemeinsam setzen wir uns auf den Hof, aufmerksam beobachtet von Harras, der uns angeifert, aber nicht erreichen kann.

Nach einer halben Ewigkeit öffnet Kristine die Autotür. Das ist ja nicht zum Aushalten. Aufgeregt laufe ich näher heran. Wo ist die Glückskatze? Wie geht es den Kitten? Schließlich zieht sie die Tür zum Rücksitz auf. Vorsichtig holt sie einen kleinen Korb heraus, aus der zaghaftes Maunzen zu hören ist.

Die Kitten.

Aber wo ist die Glückskatze? Ist sie …?

»Die Katze ist schwer verletzt«, erklärt Kristine, als könnte sie meine Gedanken lesen. »Sie muss noch zwei Tage beim Tierarzt bleiben, zur Beobachtung.«

Was? Wie? Wann? Aber wie soll die Katze ihre Kinder ernähren, wenn sie nicht bei ihnen ist?

»Tja, Mimi. Da hast du mir was Schönes einge-brockt«, meint Kristine mit einem Lächeln in der Stimme. »Jetzt muss ich die Kleinen aufziehen. Alle vier Stunden füttern. Du kannst mir helfen, sie warm zu halten.«

Ich?!

Das muss ich laut ausgesprochen haben, so selt-sam, wie die Katerkumpel mich anschauen. Ich und Kinder? Das kann ich mir beim besten Willen nicht vorstellen.

»Mimi. Batman. Robin.« Kristine schließt die Haus-tür auf. »Kommt, Futter für euch und die Kleinen.«

Was diese Winzlinge wohl fressen? Die haben doch gerade erst die Augen geöffnet, da kann man ihnen mit Dosenfutter garantiert noch nicht kommen, oder? Die Neugier und die Aussicht auf Futter trei-ben mich hinter den Katern ins Haus.

In der Küche stellt Kristine den Korb mit den Kit-ten auf die Spüle. Das Maunzen ist lauter und ener-gischer geworden, was ich gut verstehen kann. Hun-ger ist schlimmer als Heimweh. Mit hochgereckten Köpfen beobachten die Kater und ich jede von Kris-tines Handbewegungen. Wann greift sie endlich nach dem wichtigsten Gerät in der Küche: dem Dosen-öffner?

Aber erst holt sie eine Packung aus der Tasche und

liest uns etwas vor. »Katzenaufzuchtmilch. Verdün-
nen. Aha, kann ja nicht so schwer sein.« Anstatt uns
zu füttern, bereitet Kristine die Milch für die Kitten
vor, was für meinen Geschmack viel zu lange dauert.

»Mack?«

»Einen Moment dauert es noch, Mimi.«

»Mack! Mack!«, mischen sich jetzt auch Schwarznase und Weißbauch ein, bis Kristine nachgibt.

»Schon gut. Dann müssen die armen Kleinen eben
noch ein bisschen warten.«

Sooo lange dauert es doch auch wieder nicht, für
mich und die Kater eine Dose zu öffnen und uns das
Futter in die Näpfe zu schütten. Da sind wir Katzen
nun mal konservativ. Mittagessen gibt es um zwölf.
Jeden Tag. Punkt zwölf. Bitte.

Nachdem wir gespeist haben, beobachten wir interessiert, was Kristine da veranstaltet.

»Was macht sie denn jetzt?« Mal etwas, das Herr
Schwarznase nicht versteht. »Ob das alles richtig ist?«

Sie nimmt das schwarze Katerchen, hält es fest in
der Hand und versucht, ihm den Schnuller an einer
kleinen Flasche ins Mäulchen zu pressen. Der Kleine spuckt aus. Erst nach viel Zureden und etlichen
danebengegangenen Milchspritzern trinkt er. Geduldig wiederholt Kristine die Prozedur bei den anderen beiden. Sobald sie den Kitten diese Aufzuchtmilch verpasst hat – wobei sie die Hälfte verschüttet
hat –, massiert sie ihnen die Bäuchlein. Seltsam.

»Nun komm schon, Kleines. Mach dein Geschäft, dann darfst du schlafen.«

Dunkel erinnere ich mich, dass meine Mama mir nach dem Fressen immer den Bauch geleckt hat, bis ich alt genug war, das allein zu regeln. Gut, dass Kristine nicht von mir verlangt hat, diesen Job zu übernehmen.

»Meine Süßen, jetzt kommt ihr noch auf die Wärmedecke.« Kristine trägt die Kitten ins Wohnzimmer, die Kater und mich im Schlepptau. Dort legt sie die Kleinen ab: ein Glückskätzchen, das aussieht wie eine Miniaturausgabe seiner Mutter, ein Grautigerchen, das mich anblinzelt, und den kleinen Schwarzen, dessen Neugier an allem schuld war. Hinter mir seufzt Weißbauch, der sentimentale Kerl. Aber auch mir wird warm ums Herz, als ich die Babys betrachte.

Während die Kater und ich die Kitten bewundern, holt Kristine einen Wäschekorb, in den sie eine Decke gelegt hat.

»Mimi, komm!« Auffordernd klopft sie mit der Hand auf die Decke. »Komm her. Du musst jetzt Tante spielen.«

Warum können Batman und Robin nicht Onkel sein? Fragend schaue ich Kristine an, unterdessen grinsen die Kater mir hämisch zu. Ach, was soll's. Mit einem Satz springe ich aufs Sofa, klettere von dort aus elegant in den Korb und lege mich dekorativ hin.

Kristine setzt die Kitten zu mir in den Wäschekorb. Instinktiv krabbeln sie sofort auf mich zu und schmiegen sich an mich. Jetzt bin ich also Tante. Das kleine Tigerchen tretelt an meinem Bauch, als könnte ich ihm Milch geben. Ist er etwa noch nicht satt? Doch dann schläft er von einer Sekunde auf die andere ein, wobei er leise schnarcht. Seine Schwester und sein Bruder kuscheln sich daneben. Ein schönes Gefühl. Vorsichtig drehe ich mich ein bisschen, sodass ich jedem der Kleinen über den Kopf lecken kann. Selbst im Schlaf schnurren sie selig.

»Dürfen wir auch mal?« Schwarznase und Weißbauch sind ebenfalls aufs Sofa gesprungen. Neidisch starren sie in meinen Korb. »Wir können uns ja abwechseln.«

»Ich denk drüber nach.« Dann schließe ich die Augen für ein ausgiebiges Nickerchen im Kreis meiner Patenkinder.

Ferien auf dem Land sind schöner als erwartet. Auf jeden Fall komme ich im nächsten Jahr wieder. Ich muss doch wissen, was aus meinen Kitten geworden ist.

Jutta Richter

Die weiße Katze

Einmal war ich mit einer Katze befreundet. Sie war weiß und weise, und sie sprach mit mir.

Immer, wenn ich mich langweilte, war sie da, schmiegte ihren Kopf in meine Halsbeuge und flüsterte mir Geschichten ins Ohr.

Geschichten vom Mäusefangen, Geschichten vom Anschleichen, vom Wartenkönnen, vom Unsichtbarwerden, Geschichten von der weiten Welt. Am besten gefielen mir die Sommernachtsgeschichten, in denen die Katze auf den Dachfirsten balancierte, während der Mond die schwarzen Schieferplatten des Kirchturms beglitzerte. Sie erzählte von den Fledermäusen, die lautlos die Luft zerschnitten und so schnell waren, dass es keiner Katze je gelungen war, eine zu fangen. Die Katze erzählte mir von der großen Stille, die in solchen Nächten über der Stadt lag. »Es ist so still, dass man die Igel unten auf der Wiese husten hört«, sagte sie. »Und manchmal zwitschert ein Vogel im Traum.«

»Irgendwann, wenn wir uns besser kennen, nehme ich dich mit«, flüsterte die Katze. »Aber vorher

musst du lernen, wie man an einem Regenrohr hoch-
klettert. Das musst du üben, versprich mir das!«

Ich nickte und hatte noch nicht einmal ja gesagt,
als die Katze plötzlich die Ohren drehte und mit einem Satz durchs offene Fenster sprang. Schon wurde die Tür geöffnet, und meine Mutter stand im Zimmer.

»Du wirst dich noch mal erkälten«, sagte sie streng
und machte das Fenster zu.

Ich hätte schwören können, dass alles für immer
so bleiben würde. Aber das sollte nicht sein.

Als meine Knie wehtaten, sagte meine Mutter, das
käme vom Wachsen.

»Das ist nicht schlimm, du kannst nach draußen,
aber um sechs bist du zurück!«

Ich traf die Katze auf der Igelwiese. Sie saß auf
einem Zaunpfahl und wartete auf mich.

»Hast du geübt?«

Ich schüttelte den Kopf.

»Warum nicht?«

»Meine Knie tun weh. Meine Mutter meint, das
kommt vom Wachsen.«

»Dummes Zeug«, fauchte die Katze. »Wachsen tut
nicht weh.«

»Aber meine Mutter hat das gesagt«.

»Deine Mutter, deine Mutter, die hat mit Sicherheit noch keine Maus gefressen. Und du glaubst ihr,
dass sie alles weiß.«

»Aber…«

»Kein aber!« Die Katze stellte ihren Schwanz steil nach oben, und ihre Nackenhaare sträubten sich. Dann sprang sie vom Zaunpfahl und verschwand hinter einem Sommerfliederbusch.

Ich schlurfte mit gesenktem Kopf nach Hause.

»Stell dich mal gerade hin!« Meine Mutter presste mich mit dem Rücken an die Türzarge, legte das Lineal an meinen Kopf und malte mit dem Bleistift einen schwarzen Strich auf die Lackfarbe.

»Na bitte«, lachte sie. »Vier Zentimeter in zwei Monaten. Bald bist du groß!«

»Aber ich will noch nicht groß sein«, heulte ich.

»Du bist ein komisches Kind«, sagte meine Mutter und deckte den Abendbrottisch.

In dieser Nacht hatte die Katze beschlossen, in die weite Welt zu ziehen. Aber vorher sprang sie auf mein Bett, setzte sich auf meine Brust und starrte mich an.

Ihre Katzenaugen leuchteten bernsteingelb, wenn das Scheinwerferlicht eines Autos die Zimmerwand entlangglitt.

»Du könntest mitkommen«, flüsterte die Katze. »Wir könnten zusammen Mäuse fangen. Ich würde eine gute Fängerin aus dir machen. Zu zweit wären wir unschlagbar. Es gibt tausend und abertausend Heuschober in der weiten Welt. Es wäre für alles gesorgt. Die Milchbäuerinnen würden uns Schalen mit warmer Milch vor die Türen stellen. Du musst wissen, sie sind sehr dankbar, wenn man ihnen die Mäuse wegfängt. Aber das Beste wäre, du würdest bei mir sein.«

»Aber ich kann nicht mitkommen«, flüsterte ich.

»Nenn mir einen guten Grund«, fauchte die Katze.

»Ich bin gewachsen. Vier Zentimeter in zwei Monaten!«, schluchzte ich. »Ich bin bald groß.«

»Wie schade«, sagte die Katze. Sie leckte meine Wange mit ihrer rauen Häkchenzunge, und ich wusste genau, das war ihre Art, Lebewohl zu sagen. Dann sprang sie mit einem Satz aufs Fensterbrett und war in der schwarzen Nacht verschwunden.

Ich bin groß geworden, und ich habe die weiße Katze nie wiedergesehen.

Manchmal habe ich gedacht, dass sie verunglückt ist. Aber eigentlich war sie zu schlau, um vors Auto zu laufen. Nein, sie ist in der großen weiten Welt angekommen, ich bin ganz sicher. Sie balanciert auf den Dachfirsten, sie fängt Mäuse, und wenn du dich langweilst, kann es sein, dass sie plötzlich neben dir sitzt.

Vielleicht bleibt sie dann eine Weile und erzählt dir ihre Geschichten…

Roda Roda

Die Katzen

Ich habe eine Zeitlang in Innsbruck gelebt. Es war ja nicht überströmend amüsant – doch ich hatte netten Umgang und vor allem meine beiden Katzen; unwahrscheinlich, unsagbar liebe Tiere.

Eines Tages stirbt mein Onkel (na endlich –!), ich muß vom Fleck nach Darmstadt.

Wie aber bringe ich meine Katzen dahin?

Ich tat ihnen Halsbändchen um, nahm sie an die Leine und stieg in den Zug.

Und nun soll ich die Katzen neun Stunden beaufsichtigen? Man muß dreimal umsteigen.

Mit mir im Abteil fuhr eine Dame mit zwei kleinen Kindern:

»Wohin, Gnädigste, wenn man fragen darf?«

»Nach Darmstadt«, sagte sie.

»Ah, herrlich. Wollen Sie die Güte haben, Gnädigste, meine Katzen einen Augenblick zu halten? Nur einen Augenblick?«

Sie nahm die Katzen, und ich suchte mir einen anderen Wagen.

Und schlief.

Viele, viele Stunden. In München stieg ich um.

In Aschaffenburg stieg ich abermals um und schlief; fast bis Darmstadt.

Eine Station vorher sah ich nach der Frau mit den Katzen.

Sie stand in ihrem Abteil – die Katzen fauchten, die Kinder schrien – die Katzen kratzten, die Kinder pißten – die Frau in vollkommener Hilflosigkeit, umwickelt von den Leinen. Schon seit Stunden, von Innsbruck an. Sie hatte meine Kätzchen nicht aus der Hand gegeben, die Gute.

Ich dankte ihr herzlich. Sie übergab mir meine Tiere und wischte sich ein paar Tränen ab.

Hans Traxler

Misu verreist

Jeden Sommer im Monat Juli packte das Ehepaar G. seine Maluntensilien, Ölfarben für ihn, Gouachefarben für sie, und verstaute die beiden Staffeleien, die große Standstaffelei für ihn, die zierliche Tischstaffelei für sie, in dem geräumigen Audi-Caravan.

Wenn jedes Ding seinen Platz gefunden hatte, wurde die Katze Misu in den Reisekorb bugsiert.

Dann wurde der Reifendruck kontrolliert, das Ehepaar nahm seine Plätze ein, und der Mann startete den Motor.

Im selben Moment fing die Katze an zu miauen. Es war nicht das gewohnte zarte Miauen, das Misu sonst von sich gab, man könnte es eher als ein wütendes Katzengeschrei bezeichnen.

Dieses nervtötende Geschrei behielt Misu über die nächsten 1280 Kilometer bei, bis zur Ankunft früh am nächsten Morgen an ihrem Reiseziel.

Dieses Ziel war ein ehrwürdiges altes Bauernhaus im Chianti-Gebirge zwischen Florenz und Siena, wo das Malerehepaar seinen jährlichen Arbeitsurlaub verbrachte.

Sobald der Maler den Motor abschaltete, schwieg Misu geradezu schlagartig, und dabei blieb es in den nächsten drei Monaten, bis zur Rückkehr in den Norden, wo sich alles wiederholte, mehr als zwanzig lange Stunden lang, gefühlte Hunderttausende Miaus.

Und jedes Jahr wurde die Variante diskutiert, Misu in Italien zu lassen, wo sie sich sichtlich wohlfühlte. Und immer wieder wurde der Plan verworfen, da die Malerin in Frankfurt nicht auf Misu verzichten konnte, die sie ganzjährig als Modell für ihre Kinderbücher brauchte.

So wiederholte sich dieser Horrortrip Jahr für Jahr, 20 Jahre lang, ohne dass Misu an Stimmgewalt und Ausdauer merklich eingebüßt hätte.

Inzwischen leben alle drei nicht mehr, aber die alten Männer, die sich abends im »Circolo Recreativo« von Cavriglia treffen, erzählen sich immer noch die Geschichte von dem zwanzigstündigen Katzengeschrei.

Es ist nicht zu viel gesagt, wenn man behauptet, dieses Ritual gehöre längst zum kulturellen Erbe von Cavriglia, Provinz Arezzo, dem ehemals alljährlichen Sommeraufenthalt des Ehepaars G.

Petra Busch

Annemieze

»Penner!«

Mein Bruder und ich legen sofort die Katerohren an, als Udo den Cupra Formentor aus dem Riesenbauch der Fähre lenkt und sich im Schritttempo zwischen Wohnmobilen und Kleinwagen durch den Hafen von Portoferraio schlängeln muss. »Faaahr doch!« In Udos Augen sind alle lahm und verkommen. Wie die ganze Insel.

Unsere Menschenmama, die Annemie, lässt das elektrische Fenster der Beifahrerseite herunterfahren. Mit gekräuselter Nase schnuppert sie in die frühmorgendliche Septemberluft, so gekonnt, wie nur wir Katzen das sonst beherrschen. Ein Träger ihres gelben Sommerkleides rutscht im Fahrtwind von ihrer Schulter. Sie schiebt ihn hoch, streicht sich eine Strähne kastanienbraunes Haar hinters Ohr und sagt zu ihrem Ehemann: »Nun freu dich doch auch mal! Wir haben Urlaub, du gehst bald in Rente und –«

»Ja, ja!« Mürrisch hupt er einen klapprigen Alfa Romeo an, der an der Ampel bei Grün nur langsam anfährt. »Und du willst am liebsten hierherziehen, wo uns gleich wieder Tausende stinkender Katzen umzingeln und Wildschweine über uns herfallen.«

Ich fauche laut in der Box.

Udos langärmeliges Hemd spannt über dem gewaltigen Bauch. Unter seinen Armen bilden sich schon jetzt dunkle Flecke. Immerhin hat er die Krawatte mit dem eingestickten Schriftzug *Hoch- und Tiefbau U. Kleffmann* zu Hause gelassen. Sein Familienname kann unmöglich Zufall sein.

»Urlaub nennst du das!« Endlich freie Fahrt. Udo gibt Gas.

»Dafür hast du es aber ziemlich eilig anzukommen«, sagt Annemie.

Er schnaubt. Dann herrscht Schweigen. Es ist seit acht Jahren das gleiche Spiel.

Secondo und ich, der Primo, sitzen in der Transportbox auf der erhöhten Rückbank. Wir kennen die langen Fahrten, genießen die Aussicht, den Sonnenaufgang und die salzig-würzige Heimatluft, die den SUV jetzt, auf der kurvenreichen Küstenstraße, durchflutet. Vor uns liegt Urlaub. Die beste Zeit des Jahres: unzählige Katzenfreunde, zwei Wochen warmer Waldboden unter den Pfoten und Felsen zum Turnen, die alte Luisa – und Udos miese Elba-Laune.

Elba hat die Form eines Fisches. Natürlich gefällt uns das ganz besonders. Die Fähre hat uns an der nördlichen Seitenflosse ausgespuckt, und nun fahren wir Richtung Kopf nach Westen. Kurz nach Procchio biegen wir ins Landesinnere ab. Die Straße ist schmal, ein Schlagloch reiht sich ans nächste, wir rutschen samt Kuscheldecke in der Box herum und werden gegen die Gittertür geschleudert.

Schon wollen wir unter die Kuscheldecke kriechen. Denn gleich sind wir bei Luisa. Dort springt Udo jedes Jahr aus seinem heiligen Cupra Formentor, umrundet ihn, prüft Felgen und Metallic-Lack, brüllt »verdammter Straßenpfusch« und verkündet, sofort umzudrehen und zurück ins Sauerland zu fahren. Getan hat er es noch nie. Denn ohne Annemie, die er in seltenen Anwandlungen guter Stimmung »Annemieze« nennt, geht bei ihm nichts. Sie muss sein Futter zubereiten, den textilen Fellersatz waschen und auf Kante bügeln und den Luxusbungalow auf Hochglanz trimmen. Fell- und katzenstreufrei, versteht sich.

Nur noch wenige hundert Meter. Links Gestrüpp, Bäume, Wildschweine. Rechts weiße Häuser, Felsblöcke, Katzen. Vor uns die letzten Schlaglöcher. Wir parken am Waldrand gegenüber von Luisas Haus.

»Jetzt«, flüstert Secondo und kriecht unter die Decke. Nur sein Schwanz schaut noch heraus.

Doch ... Die Dampfwalze, wie wir den fetten Bauunternehmer nennen, zieht den Zündschlüssel – und lacht. »Geschafft.«

Secondo sträubt den Schwanz. Mama starrt ihn von der Seite an. Er steigt aus, wischt mit einem Stofftaschentuch über seine glänzenden Loafer-Schuhe, streckt sich dann und ruft: »Hach, ist das nicht herrlich hier!«

Ich denke: Oh, ein Anflug guter Laune! Wunderbar! Ich hätte es besser wissen müssen.

Wir steigen aus. Augenblicklich tummeln sich unzählige vertraute Katzen um uns. Zwischen den Bäumen kommen sie hervor, hinter den Steinen, mit senkrecht erhobenen Schwänzen und laut rufend. Viele eilen aus dem schmiedeeisernen Tor auf der gegenüberliegenden Straßenseite herbei. Das Tor gehört zu der hohen Steinmauer, die Luisas Katzenparadies umschließt. Es ist immer geöffnet. Es sei denn, wir sind zu Besuch. Dann müssen die Wildschweine draußen bleiben.

Ich stoße meinen prächtigen roten Kopf gegen den des alten Carlo. »Du bist dünn geworden«, raunze ich, und die braun getigerte Sophia sagt: »Luisa hat nichts mehr für uns, nur manchmal Reis und ein paar Stücke Trockenfutter.« Grisù, Miezek der Einäugige, Gina, Giuseppe, Michele ... Alle sehen zerzaust aus. Secondo wirkt mit seinem pechschwarzen Fell wie ein glanzvoller König zwischen den Streunern. Dabei ist mein Bruder ängstlich und besitzt keinerlei Führungsqualitäten. Dafür jedoch einen krallenscharfen Verstand. Er plant. Ich mache. Das perfekte Duo.

Aus dem kleinen Haus kommt Luisa durch den

Vorgarten. »*Amooore!*« Ihre Stimme gleicht der einer Operndiva. Sie ist etwas füllig, und um ihre müden Augen breiten sich Lachfältchen aus. Sie wischt sich die Hände am fleckigen T-Shirt ab, bevor Udo sie umarmt.

»*Mamma Mia!*« Luisa drückt ihn eine Armlänge von sich weg. »*Hai mangiato troppo!*«

»Viel gegessen, *sí.*« Er tätschelt seinen Bauch. Grinst.

Udo spricht kaum Italienisch, Mama dafür fließend. Nur Wörter rund ums Essen und Autos versteht er. Und *cinghiali*. Wildschweine. Sie sind sein erklärter Feind.

Uns versteht er natürlich ebenso wenig. Er bemüht sich nicht einmal, unsere offensichtliche Körpersprache und Miau-Nuancen wahrzunehmen, so wie Mama und Luisa das draufhaben. Die ahnen garantiert auch, dass wir Vierbeiner menschliche Sprache ganz genau zu deuten wissen.

Secondo sagt: »Was hat der Udo bloß genommen?«

»Wieso?«, frage ich tumb.

»Er lacht! Er grinst! Er hat Luisa in ihren Arbeitsklamotten voller Katzensabber angefasst! Da stimmt was nicht!«

Ich gähne. »Sei doch froh, wenn er mal gut drauf ist.«

»Du bist noch naiver, als du rot getigert bist!« Mit erhobenem Kopf stolziert er zu Luisa und geht ihr um die Beine. Ich schleiche beleidigt hinterher.

Nachdem wir endlich alle begrüßt und Mama und Luisa ihre Freudentränen abgewischt haben, laden die Zweibeiner den Cupra aus. Sogar die Dampfwalze schleppt Futterdosen und -säcke, die Schweißflecke unter den Achselhöhlen breiten sich aus. Aufzuchtmilch, Päppelnahrung und Medikamente folgen. Luisa stapelt alles auf der überdachten Veranda neben der Haustür. 2800 Kilo insgesamt. Seit Ostern schon hat Mama Spenden gesammelt. Wie jedes Jahr.

Zu ihrer ersten großzügigen Mahlzeit seit Wochen sind Luisas Katzen vollständig versammelt. Blumentopfuntersetzer dienen als Teller. Sie stehen auf dem Steinweg im Vorgarten, vom Tor bis zum Haus. Das hundertstimmige Schmatzen lässt mein Herz höherschlagen – und lockt die Wildschweine an. Zu dritt trappeln sie durchs Tor herein. Secondo prescht auf die nächste Eiche. Udo reißt die Augen auf, »Dschingiaaali«, und flüchtet ins Haus. Als er die Tür von innen zuschlägt, fällt ein Stück Putz auf die Veranda.

Die Dampfwalze meckert seit Jahren, dass die marode Fassade die Bausubstanz ruiniere und Luisa unverantwortlich mit dem Haus umgehe. Doch zum Sanieren fehlt ihr das Geld. Sie investiert alles in die Tiere: ihre Zeit, ihre Kraft, ihren Besitz, der nur noch aus dem baufälligen Häuschen, etwas verwildertem Grund und einem verrosteten Fiat besteht.

Betritt man das Haus, steht man direkt im Wohnzimmer. Innen ist es immer kalt, düster und überladen mit alten Möbeln. Es riecht leicht muffig nach Staub, Desinfektionsmittel und Katzenfutter. Die hohe Decke zeigt offenes Gebälk, der Boden besteht aus rotem Stein. Es gibt ein abgewetztes Sofa und einen Ohrensessel mit aufgeplatztem grünen Samtbezug. Dort kann man wunderbar die Pfoten hineinstecken und die Füllung herauszerren. Als Babys konnten wir sogar ganz in den Sessel kriechen.

Am hinteren Ende des Zimmers, vor der Terrassentür, stehen ein runder Esstisch und drei Stühle. Die zerschlissenen Vorhänge rechts und links der Tür reichen bis zum Boden. Auf der Terrasse steht eine Holzbank. Dort schlafen immer Katzen. Getigerte, dreifarbige, Schwarzweiße ... Man sieht in den Garten und über Wälder bis hinab in eine Bucht. Das Haus steht am Hang, sodass man von der Terrasse über eine schmale Treppe den Garten betritt.

Nach dem unbarmherzigen Sommer liegt die Insel in Ocker- und Gelbtönen. Das immergrüne Laub der Eichen und Kletterpflanzen wirkt wie riesige Kissen auf den vertrockneten Flächen. Das Meer schillert ultramarin- und türkisfarben. Als Katzen sehen wir ohnehin nur Grün- und Blautöne gut. Wahrscheinlich lieben wir Elba auch deshalb so sehr.

Ein offener Durchgang führt vom Wohnzimmer in die Miniküche, ein schmaler Flur zum bunt gekachelten Bade- und einem Schlafzimmer. Letzteres ist spartanisch eingerichtet: schwarzes Doppelbett, schwarzer Kleiderschrank. Hier stehen bereits Udos silberner Schalenkoffer und Mamas Reiserucksack.

Am Abend, als es dämmert und die Wildschweine längst weg sind, fährt Luisa los. Secondo und ich dösen zwischen unseren Kumpeln auf der Veranda und lauschen dem stotternden Automotor, der immer leiser wird.

Udo tritt zum letzten Klappern des Fiats aus dem Haus. Er trägt ein frisches Hemd und eine helle Hose. Aus dem Chef-Outfit kann er nicht mal im Urlaub raus. Der Gestank seines Aftershaves umfängt zusammen mit einem verführerischen Duft nach Tintenfisch und Mais in würziger Butter unsere Nasen. Drinnen klappern Töpfe und Geschirr.

»Wie man so einen Wagen noch fahren kann!«, murmelt Udo und streicht sich über die Halbglatze. Jedes verbliebene Haar sitzt genau, wo es soll. »Und das bei *den* Straßen und im Stockdunkeln. Aber was soll Luisa anderes machen. Arme Luisa, total pleite. Morgen sehe ich mir den Wagen mal an.«

Bisher hat er Luisas Auto als mobilen Müllhaufen betitelt und ihr Häuschen als Dschingiali-Stall. Ich wechsle einen Blick mit Secondo. Wir sind jetzt seit genau zwölf Stunden bei Luisa. Kein Motzen von Udo Kleffmann, kein böses Wort. Er gibt die personifizierte Liebenswürdigkeit. Selbst in meinem dicken

Kopf setzt sich langsam die Erkenntnis durch: Da stimmt was nicht!

Wie zur Bestätigung sieht die Dampfwalze uns an und sagt: »Ihr kriegt gleich fein Fressifressi.« Er geht ins Haus zurück. Ein gedämpftes *Plopp* erklingt, als ein Korken aus einer Weinflasche springt.

Fressifressi! Das sagt nicht einmal Mama. Allerdings habe ich wirklich Hunger. Wie immer. Auf der Straße würden wir nicht überleben können, so wie viele Katzen es müssen – und zu Tausenden jedes Jahr sterben.

Für diese Tiere ist Luisa Nacht für Nacht unterwegs, seit mehr als 30 Jahren. Den Kofferraum voller Dosen und Säcke, fährt sie bis ins Morgengrauen von Futterstelle zu Futterstelle. Knapp 80 insgesamt, verteilt über ganz Elba. Sie startet an der oberen geografischen Seitenflosse, fährt bis zum Kopf, dann weiter in den Süden und über die untere Seiten- bis zur Schwanzflosse. Anschließend geht es ins Innere der Insel, wo weitere unzählige Katzen warten. Im Morgengrauen kehrt Luisa zurück, völlig erschöpft. Versorgt dann ihre Katzen auf dem Grundstück, bringt kranke und verletzte Tiere zu Dottore Belotti, putzt, wäscht, schläft drei bis vier Stunden und füllt im Auto das Futter auf – um abends erneut aufzubrechen. Normalerweise fährt Annemie mit, wenn wir auf Elba sind. Doch nach gut 17 Stunden Anreise muss sie die erste Nacht schlafen.

Vor neun Jahren, als Luisa morgens heimgekehrt war, hatte Annemie vor dem Tor gestanden. In den Händen einen Karton. Im Karton mein Bruder und ich. In unseren Bäuchen nichts als Leere – und Würmer. Weshalb wir trotz Tagen des Hungerns kugelrund ausgesehen hatten. Unsere Augen waren entzündet und voller Eiter gewesen. So hatte Mama uns gefunden. Erst mich, dann meinen Bruder. Primo und Secondo.

Lautes Magenknurren unterbricht meine Erinnerung. »Komm!« Wir kriechen durch das Loch im Fliegengitter der Haustür nach innen. Der alte Carlo putzt auf dem grünen Sessel zwei Kitten. Wir blinzeln verschlafen – dann sehen wir es: Mama und Udo sitzen am Esstisch, zwischen ihnen dampfende Schüsseln und gefüllte Teller. Eine Kerze – so ein Ding, das beim Schnüffeln jedes Mal die göttlichen Schnurrbarthaare stinkend verkokelt – lässt den Inhalt zweier Weingläser golden leuchten. Von wegen Fressifressi! Okay, das hätten wir verkraftet. Aber nicht, dass sie Händchen halten! Mitten auf dem Tisch, genau neben den Balsamico- und Olio-di-Oliva-Flaschen.

»Weißt du, Annemieze«, säuselt Udo gerade, und wir verschanzen uns hinter dem Sessel, »Elba ist eine wirklich nette Insel.«

»Ach Liebling!« Mamas Gesicht schimmert warm

im Kerzenschein. »Ich freue mich so. Du bist endlich so gut drauf. Du bist innerlich hier angekommen.« Sie drückt seine Hand. »Hast du denn noch einmal darüber nachgedacht, hier ein Haus zu kaufen? Du weißt ja, dass es nach wie vor mein größter Wunsch ist, hier zu leben. Zweite Heimat und so.« Mama lächelt. »Ich möchte da sein für die armen Tiere und Luisa. Sie schafft das nicht mehr lang. Sie ist 72. Du gehst zum Januar in den Ruhestand und verkaufst die Firma. Der Erlös wird riesig sein.« Mama strahlt, und auch mein Herz schlägt schneller. Das wäre das vollkommene Glück. Lebenslang Katzenurlaub!

»Ich weiß, Annemieze«, sagt Udo, und kurz frage ich mich, ob er sich doch zum Guten verändert hat. Aber nur bis zu seinem nächsten Satz: »Ich liebe dich ja auch dafür, dass du für die Ärmsten der Armen da bist.«

Unwillkürlich wackle ich mit dem Hinterteil, bereit zum Sprung mitten in Udos Teller, um der verlogenen Farce ein Ende zu bereiten. Doch Secondo knurrt: »Bist du irre! Der walzt uns mit seiner Luxuskarre platt oder wirft uns die Klippen runter ins Meer!«

Widerwillig bleibe ich sitzen.

»Ich liebe dich auch«, sagt Mama. Hoffnung schwingt in ihrer Stimme. Die Freude auf ein Inselleben.

Die Dampfwalze zieht ihre Hand aus Mamas.

Trinkt einen Schluck Wein. Mit leisem Klirren stellt Udo das Glas zurück auf den Tisch. Sagt: »Das ist unser letzter Urlaub auf Elba. Nur deswegen bin ich gut drauf. Wir werden nicht mehr herkommen.«

Mir wird übel. Reglos sitzt Mama am Tisch, eine Träne rollt über ihre Wange, fast schwarz von der Wimperntusche. Sie hat sich extra schön gemacht für diesen Abend, hat Udos geliebten Tintenfisch mit Butter-Gewürz-Mais zubereitet, im Glauben, die gelöste Stimmung ihres Ehemannes bedeute nahendes Glück.

Genauso blass und verweint war Annemie auch gewesen, als wir sie das erste Mal sehen konnten. Mein Bruder war es, der damals – drei Tage, nachdem unsere Katzenmama auf der Suche nach Essensresten direkt neben dem Müllcontainer eines Hotels überfahren und achtlos liegen gelassen worden war – den Plan geschmiedet hatte. Einen Touristen müssten wir becircen! Einen der Hotelgäste. Der musste uns retten.

Ich selbst hätte dumpf unter dem Erdgeschoss-Balkon des Hotels verharrt, betäubt von Schmerz und beißendem Hunger, hätte vergebens versucht, dem Tod die Krallen zu zeigen – während die Menschen direkt über unseren Köpfen lachten und Limoncello tranken. Doch die Idee meines Bruders war unsere letzte Chance.

Ich tapste unter dem Balkon hervor – meinem Bruder fehlte der Mut dazu –, wackelte hinaus, bis ich durch die gelbgrün verklebten Augen Helligkeit wahrnahm. Leise begann ich zu miauen. Miaute und miaute mit meiner leisen Babystimme. Bestimmt stundenlang. Ich sah Tausende Schatten und hörte Menschenschritte direkt vor meinem Köpfchen vorbeieilen. Niemand beachtete mich. Also schwieg ich. Saß einfach irgendwo da draußen. Hinter mir fiepste mein Bruder. Er glaubte bestimmt, ich sei inzwischen tot und er müsse nun ganz allein zwischen staubigen Erdklumpen und Zigarettenkippen sterben. Da musste ich auch weinen. Was sollte ich nur tun? Ich miaute erneut, rief, rief, rief, miaute. Als ich irgendwann kraftlose Schrittchen zurück unter den Balkon machte, geschah es: Eine Hand berührte meinen Rücken, und eine Frauenstimme flüsterte: »Wer bist du denn? Ps, ps, ps!« Weil ich nichts erkennen konnte, fauchte ich sicherheitshalber. »Hab keine Angst, du roter Winzigtiger.« Und schon spürte ich etwas herrlich Weiches unter meinen Pfötchen. Die Haut im Ausschnitt der Frau. Sie streichelte mich sanft am Köpfchen. »Das sieht ja schlimm aus. Ich habe keine Ahnung von Katzen, aber ich glaube, du musst zum Tierarzt.«

Ich schrie nach Secondo, ohne ihn wollte ich nicht weg. Tatsächlich, er musste mich gehört und unter dem Balkon hervorgekommen sein, denn die

Frau sagte: »Da ist ja noch jemand. Ein schwarzes Minibündel.« Sie kniete sich samt mir hin, hob auch meinen Bruder auf und leuchtete mit dem Handy unter den Balkon, um zu prüfen, ob noch weitere hilflose Katzenbabys dort waren.

Da wusste ich, dass die Frau unser Geschenk fürs Leben war.

Als Dottore Belotti uns gepikst, Tabletten in den Rachen geschoben und unsere Augen gesäubert hatte, sahen wir endlich das Gesicht unserer Retterin: sehr hell, schmal, Sommersprossen, grüne Augen. Aus einem war eine Träne gekullert.

»Ihr könnt ja sehen! Ihr seid nicht blind! Ich muss heulen vor Freude.«

Jetzt gelten Mamas Tränen den Scherben, in denen ihr Lebenstraum liegt. »Ich verstehe nicht!« Ihre Stimme ist erstickt. »Du hast nie nein zu Elba und einem Leben hier gesagt. Du hast mich immer im Glauben gelassen, dass ...« Sie schluchzt. »Luisa und die Katzen brauchen uns. Luisa kommt nicht mehr zurecht ohne uns.«

»Sie kommt nicht zurecht ohne *dich*.« Udo lehnt sich zurück. »Aber das wird sie lernen. Und nur *du* wolltest nach Elba übersiedeln.« Er trinkt wieder vom Wein. »Der ist gut«, sagt er und schmatzt. »Edler Tropfen.«

Mama steht auf und tritt an die Terrassentür.

Sieht hinaus in die Dunkelheit. Eine kleine Ewigkeit verstreicht. Schließlich sagt sie mit fester Stimme: »Dann fahre ich künftig allein mit Primo und Secondo.«

»Das wirst du nicht tun.« Er schneidet ein Stück Tintenfisch ab und kaut genüsslich. Trinkt wieder Wein. »Wir fliegen nächstes Jahr nach Dubai! Für sechs Wochen! Ich bin dann in Rente, du arbeitest ja sowieso nicht. Zeit endlos. Ich hab schon alles gebucht. Luxushotel, einen Tag im Burj Khalifa und ein Kamelrennen in der Wüste. Als Wagen haben wir einen Mercedes Benz G63 AMG! Freust du dich?« Er nimmt sich einen Löffel Mais. »Du brauchst wirklich mal Pause von dem ganzen Elend hier. Und ich hab auch was Anständiges verdient.«

Mama öffnet die Terrassentür, thymianschwere warme Nachtluft und Zikadengesang dringen herein, sie atmet laut.

»Mach die Tür zu! Die Wildschweine mögen Mais und –«

Sie fährt zu ihm herum. »Dubai! Hast du den Verstand verloren? Die misshandeln Tiere und beseitigen Katzen und Hunde wie Ungeziefer! An jeder Ecke und vor jedem Supermarkt sitzen sterbende Katzen und ...« Ihre Stimme geht in Weinen über. »Du glaubst doch nicht wirklich, dass da unten weniger Elend herrscht als hier? Und dass ich Primo und Secondo in so ein Scheißemirat schleppe!«

»Aber Annemieze, wer sagt denn, dass wir die Kater mitnehmen?«

Sie zittert, schlingt die Arme um ihren Oberkörper.

»Die kommen ins Tierheim.«

Ich würge, Secondo knurrt.

»Und um das Elend in Dubai musst du dir keine Gedanken machen.« Wieder trinkt er. »Die Pest Control arbeitet absolut zuverlässig. Die haben gerade erst vor der Klimakonferenz alles gesäubert. So wie Rumänien und Russland und die Ukraine das vor den Fußball-Meisterschaften gemacht haben. Und Katar angeblich auch. Die Araber sammeln die Viecher ein und ...« Er zuckt mit den Schultern.

»... und karren sie bei über 50 Grad in die Wüste zum Verrecken«, sagt Mama und fügt wie ausgespuckt hinzu: »Gesäubert! Diese Länder richten Massaker an den Tieren an! Und die Welt ignoriert es!«

Udo steht auf, geht zu ihr: »Mach endlich die Tür zu.«

»Halt den Mund! Ohne meine Jungs gehe ich nirgendwohin in Urlaub! Ich brauche die Tiere!«

»Aber Annemieze.« Sein zynischer Ton macht mir Angst. »Was ist denn plötzlich in dich gefahren?« Er bringt sein Gesicht direkt vor ihres. »Hab dich doch nicht so. Du kannst in Dubai doch Kamele streicheln!« Seine Kinnpartie wird hart, gleich wird er sie schlagen, denke ich.

Mama weicht zurück. »Du verstehst nichts! Und nenne mich nie wieder Annemieze!« Sie läuft hinaus auf die Terrasse, wir rennen an ihr vorbei und die Steintreppe in den Garten hinunter. Unten bleiben wir sitzen, Haus und Terrasse im Blick.

Secondo sagt: »Mama hat uns gerettet! Jetzt werden wir sie retten. Vor Udo. Ich weiß auch schon, wie.«

Dottore Belotti hatte der Touristin mit den Freudentränen im Gesicht eine Papiertüte Medikamente gegeben und eine Adresse hintendrauf geschrieben.

So kamen wir früh am nächsten Morgen in Luisas Obhut, nachdem Mama uns ins Hotel geschmuggelt und auf ihrer Brust hatte schlafen lassen. Udo hasste uns wohl schon damals. Und Annemie, wie unsere Retterin sich Luisa vorstellte, lernte die grausame Realität hinter der beliebten Urlaubskulisse kennen: das erbärmliche Dasein der Katzen inmitten von Badefreude, Wanderlust und napoleonischer Kultur; die halb toten Tiere rund um Hotels, Restaurants, Cafés, auf Campingplätzen und am Strand; ihr verzweifeltes Suchen nach Essbarem im Müll. Viele leiden bis heute im Verborgenen. Doch Luisa kennt ihre Verstecke. Sie zeigte der damaligen Fremden alles. Schonungslos. Die durch Sonne verkrebsten Ohren heller Katzen, die Kitten, denen die Augen durch Infekte förmlich aus dem Kopf quollen, Katzen mit zertrümmerten Gliedmaßen oder tiefen Bisswunden.

Von alledem hatte Annemie nichts gewusst. Sie war zur Erholung nach Elba gekommen. Die Insel war ein Kompromiss zwischen dem Bauunternehmer Udo, der unbedingt in eine Weltmetropole hatte reisen wollen, und ihr, dem Fan absoluter Einsamkeit gewesen. Dank Secondo und mir wurde dieser Urlaub zum Beginn von Annemies riesiger Katzenliebe und ihrer Freundschaft zu Luisa.

Vier Monate später – wir waren inzwischen gesund, geimpft, per Transponder gekennzeichnet und mit EU-Pässen ausgestattet – hatte Annemie uns zu sich nach Deutschland geholt und den ersten Italienischkurs belegt. Seither sind wir jeden September zum Urlaub hierhergefahren.

Udo erscheint in der Terrassentür, gerade als Secondo seinen Plan erläutert hat. Eine mächtige schwarze Silhouette vor dem erleuchteten Rechteck. »Komm rein, Annemie!« Zögernd geht er ein paar Schritte hinaus, lauscht auf ein mögliches Grunzen, fasst Mama, die neben der Bank steht, am Oberarm.

Unsere Schwänze peitschen vor Zorn hin und her.

»Fass mich nicht an!« Sie reißt sich los, läuft Richtung Treppe.

»Wenn dir mein hart verdientes Geld und dein bequemes Leben nicht passen, dann –«

Den Rest hören wir nicht mehr, sehen nur Mama die Treppe hinunterrennen, direkt auf uns zu. Wir sehen, wie sie eine Stufe verfehlt, fällt, sich lautlos überschlägt, hören, wie ihr Kopf dumpf neben uns aufschlägt, sehen das verrutschte Kleid, aus dem ein Bein verdreht hervorlugt, nehmen wahr, wie das trockene Gras unter ihrer rechten Schläfe nass und dunkel wird und hören, wie Udo oben die Terrassentür schließt.

Die Sonne steht schon fast senkrecht, als Udo am nächsten Vormittag zurückkommt.

Wanderer haben Secondo und mich im ersten fahlen Sonnenlicht hier an der Schlaglochstraße klagen gehört und waren uns hinter das Haus in den Garten gefolgt. Kurz darauf eilten Männer mit Taschen und Koffern in den Garten, fummelten mit Geräten an Mama herum und tauschten leise Kommandos aus. Udo kam im karierten Pyjama über die Terrasse geschlurft und beschwerte sich über den Lärm – bis er Mama erblickte. Da hoben die Männer sie gerade auf eine Trage, bugsierten sie durch das Gestrüpp vor zur Straße, Udo fuchtelnd hinter ihnen, schoben sie in ein kastenförmiges Auto und fuhren mit Mama weg.

Mit steinernen Herzen blickten wir dem Wagen hinterher, bis er hinter der Kurve verschwunden war. Udo jagte uns von der Straße und folgte im Cupra dem Wagen mit Mama drin. Unsere Freunde saßen um uns herum auf der Mauer und im Vorgarten. Viele klagten und weinten. Secondo und ich fühlten nichts. Alles war sinnlos geworden. Unsere Hoffnung, hier mit Mama im ewigen Urlaub zu leben. Unser Plan, Udos Kleidung durch die Maisreste zu zerren, damit ausgehungerte Wildschweine ihn hetzten bis zum Herzinfarkt. Unsere Existenz.

Die ganze Nacht hatten wir neben Mama verbracht. Stupsten sie an, drückten unsere Köpfe an ihr Gesicht. Wir miauten, flehten sie an, doch etwas zu sagen, sich zu bewegen. Schnurrten und schnurrten dabei, nur um unsere eigene Angst zu ertragen, genau so, wie wir es damals unter dem Hotelbalkon getan hatten. Doch wir waren von Totenstille umfangen, um uns nichts als die tiefblaue Nacht und über uns die Sterne, die fröhlich funkelten, als sei die Erde ein Ort puren Friedens.

Udo schwankt, als er jetzt am Waldrand parkt und aus dem Cupra steigt. Wir sitzen noch immer auf der Mauer. Hoffen, dass wenigstens Luisa kommt, die noch nicht von ihrer nächtlichen Füttertour zurückgekehrt ist.

Wir folgen Udo ins Haus. Hoffen, irgendetwas zu erfahren. Eine Jammergestalt, wie er da im zerknitterten Schlafanzug und mit den mittlerweile staubigen Loafers zum Esstisch geht, auf einen Stuhl sinkt und den Rest Wein direkt aus der Flasche trinkt.

Wie immer verstecken wir uns hinter dem grünen Ohrensessel. Die Sonne wirft einen breiten Lichtstreifen durch die Terrassentür, direkt über den Esstisch. Die Schüssel Mais ist halb voll, auf der Servierplatte vertrocknen die Arme des Tintenfisches. Die Kerze ist heruntergebrannt.

Ich zittere am ganzen Körper, drücke mich fest an den noch heftiger zitternden Secondo. Ich werde das Bild nicht los: Secondos Pfoten in der Blutlache neben Mamas Kopf und ich, der über eine Eiche auf den Fenstersims zum Schlafzimmer springt, am Fenster kratzt und schreit, um Udo aus dem Weindelirium zu wecken. Ohne Erfolg.

Wir wollen Mama zurückhaben! Lebendig! Und dass Luisa nach Hause kommt. Wir wollen der Dampfwalze nicht schutzlos ausgeliefert sein. »Wir müssen etwas tun! Er muss reden«, flüstert Secondo, und in meine Lethargie mischt sich ein Fünkchen Lebensmut. Ich schnaufe tief durch und schleiche geduckt und wie in Zeitlupe zum Esstisch. Setze mich neben Udos Loafer, blicke zu ihm hoch und miaue zaghaft.

Er starrt die leere Weinflasche an, die er auf dem Schoß umklammert hält.

»Ist Mama wirklich tot?«, frage ich leise.

Stille. Starren.

Ich springe auf den Tisch, so *muss* er mich wahrnehmen. »Was ist mit Mama?«, presse ich hervor.

Sein Blick klebt förmlich auf der Weinflasche. Seine Augen sind rot unterlaufen, graue Bartstoppeln bedecken sein Gesicht. Und dann, völlig unerwartet, schlägt er mich mit einer Hand brutal vom Tisch. »Drecksviecher!«

Ich knalle auf den Steinboden, ein stechender Schmerz durchfährt meine Schulter. Ich schreie auf, neben mir landen klirrend ein Haufen Scherben, eine Gabel trifft mich am Kopf, Maiskörner springen über den Boden, und die Butter-Gewürz-Soße spritzt umher, fließt zäh in die Steinfugen.

»Ihr seid an allem schuld. Wärt ihr bloß verreckt als Babys. Dann wär das alles nicht passiert. Dann hätten Annemie und ich unseren Frieden!«

Ich humple geduckt unter den Sessel zurück, kann ein Vorderbein nicht belasten, so schmerzt die Schulter.

Doch schon steht er auf, und die Loafer kommen scherbenknirschend und riesig auf uns zu. »Verdammtes Elba. Verdammte Kater!«

Secondo wimmert, und ich bin wie gelähmt, als Udo vor dem Sessel ächzend in die Knie geht, sein verquollenes Gesicht um 90 Grad verdreht vor uns erscheint, seine Hand sich uns nähert – und irgendwo sein Handy klingelt.

Überraschend gelenkig steht er auf, eilt zum Esstisch zurück und murmelt dabei: »Bitte nicht, bitte nicht. Du musst es schaffen.« Er ruft ins Telefon: »Ja? *Ospidale*? Wie ist ihr Zustand?«

Wir stoßen die Köpfe gegeneinander. Hurra! Mama lebt! Aber in kritischem Zustand wahrscheinlich. Das bedeutet: Auch wir müssen leben! Damit sie schnell gesund werden kann!

Die Dampfwalze stammelt am Telefon herum. Er klingt erleichtert, denn offenbar hat er damit gerechnet, dass das Krankenhaus anruft, weil Mama gestorben ist. »*Sì*«, sagt er, »*dove*?« – wo? –, und auf Deutsch, dass er sie gleich abholt.

Udo dreht sich zu uns. Und dann lächelt er. »Wollt ihr mitfahren? Ich zieh nur schnell etwas über.«

Ich laufe zur Haustür, ignoriere die Schulter. Secondo ruft mir noch zu: »Tu's nicht, Primo!«, doch schon öffnet Udo in Hemd und Bundfaltenhose die Tür. Aus den Hosenbeinen schauen karierte Pyjamabeine heraus. Typisch. Ohne Mama kriegt er nichts auf die Reihe. Nebeneinander gehen Udo und ich zum Cupra, ich springe auf den Beifahrersitz, und zu meiner Freude folgt mir Secondo. Gleich! Gleich würden wir Mama sehen und mitnehmen dürfen.

Udo fährt los, umrundet Schlagloch für Schlagloch. Wie Erdmännchen stehen wir auf den Hinterbeinen, die Vorderpfoten auf dem Armaturenbrett. Wir wollen sehen, wohin er fährt. Wo Mama die langen Stunden war. Staubige Straßen, kaum Schatten, weil die Sonne genau über uns steht, das Meer glitzert. Kreuz und quer geht es, Richtung Kopf des Fisches, wenn wir uns Elbas Form wieder als feines

Fressen denken. In Marciana Marina kommen wir in der Nähe von Dottore Belotti vorbei, der uns als Babys so toll versorgt hat. Mama fährt oft zu ihm mit Luisas kranken Katzen. Wir verlassen den Ort, fahren weiter die Küste entlang. Nach einigen Kilometern biegt Udo in einer Haarnadelkurve auf einen lang gestreckten, gekiesten Parkplatz ab. Die Reifen knirschen.

»Ich wusste es«, sagt Secondo, und ich registriere die kleinwüchsigen Bäume, dichtes Gestrüpp und zerfledderte Müllsäcke ringsherum. An einer Stelle nur ist das Buschwerk durchbrochen. Von dort geht es steil hinab ins Meer, spitzige Felsen bilden eine bizarre Formation.

Udo steigt aus, geht vorn um den Cupra herum, reißt die Beifahrertür auf, packt uns mit je einer Hand fest im Nacken und schleudert uns ins Gestrüpp. »Haut bloß ab!«

Dornen bohren sich durch unser Fell in die Haut, meine Pfoten werden von einem Metallstück aufgeschlitzt. Die Schulter fühlt sich an wie mit der Axt bearbeitet. Mir wird schwindelig.

Secondo lotst mich tiefer ins Gestrüpp, sagt: »Der bringt uns vollends um, wenn wir in seinem Blickfeld bleiben.«

Kurz bevor ich zu Boden sinke und nur noch Udos Schritte im Kies knirschen höre, schwillt es an: ein leises vertrautes Trappeln kleiner Hufe. Nur Sekunden später trampelt ein Rudel Wildschweine an uns vorbei, laut grunzend, angeführt von einem prächtigen Keiler.

»Verdammt!«, schreit Udo, »Dschingiaaali«, seine Schritte und das Hufetrampeln gehen ineinander über, ich blicke durch das Gestrüpp. Der Keiler ist dicht auf seinen Fersen, und ich sehe in meiner Erinnerung Udos Loafer vor mir, mit denen er vorhin durch die Scherben und Maisreste getreten ist und die jetzt direkt in das unbewachsene Stück hinein auf die Felsen zurennen.

Ich drehe mich weg. Als er aufheult, schließe ich die Augen, und während mich Schwärze umfängt, bilde ich mir ein, Mamas Stimme zu hören, die mit Luisas Sopran verschmilzt und ein lang gestrecktes »*Mamma mia*« aus unendlicher Ferne singt.

Es dauert fast eine Woche, bis wir den Rückweg zu Luisas Haus gefunden haben. Wir sind zu Tode erschöpft, abgemagert, die Zunge klebt mir trocken am Gaumen. Unsere wunden Pfoten hinterlassen blutige Abdrücke auf dem brennend heißen Asphalt, und mein Vorderbein baumelt frei aus dem Schultergelenk herab. Wir unterscheiden uns nicht mehr von den Straßenkatzen, als wir uns die letzten Meter durch die Schlaglöcher schleppen. Der Gedanke an Mama und dass sie wieder bei Luisa sein muss, hat uns durchhalten lassen.

Es ist früher Abend, und der Parkplatz am Waldrand verlassen. Was wohl aus dem Cupra geworden ist? Auch Luisas Auto ist nicht da. Wo war sie nur? Unsere Freunde sitzen überall, und als wir durchs Tor zum Haus gehen, sagt der alte Carlo: »Sieh an, da sind ja die reumütigen Heimkehrer.«

Wir denken nicht über seine Worte nach, gehen schnurstracks ins Haus. Auch das ist verlassen. Wir schleichen durch die Räume. Leer. Dann hören wir eine Stimme. Luisa! Sie kommt von der Terrasse. Ich humple zur Tür. Sie ist geöffnet. Abrupt bleibe ich stehen. Luisa sitzt Schulter an Schulter mit Mama auf der Bank, ich sehe ihre Rücken und Köpfe. Sie blicken in die Bucht.

Mama ist noch schmaler geworden. Sie spricht nicht. Riecht nicht mehr nach Mama. Ihr Haar ist kurz geschnitten und der Kopf zur Hälfte mit weißen Kompressen verklebt. Ein Bein steckt von der Hüfte bis zu den Zehen in Gips, soweit ich es erkennen kann. Auf dem Boden liegen Krücken.

Mamas Schmerzen müssen schlimmer sein als meine, denke ich. Mir schnürt es die Kehle zu.

»Du kannst nicht Tag und Nacht weinen«, sagt Luisa und legt den Arm um Mamas Schulter. »Du bleibst erst mal bei mir. Du musst nicht allein zurück nach Deutschland.«

Mamas Körper beginnt zu beben. Ich will zu ihr, sofort, doch irgendetwas hält mich zurück.

»*Mamma mia.*« Luisa schüttelt Mama leicht. Sie klingt pragmatisch. Ist Leid gewohnt. Vor Jahren hat Luisa ihren Mann verloren, und sie muss viel zu oft Katzen begraben. Sie muss damit umgehen, sonst würde sie innerlich zerbrechen.

»Die heult tatsächlich um die Dampfwalze«, flüstere ich enttäuscht.

»Sie waren immerhin fast 40 Jahre verheiratet«, antwortet Secondo leise. »Aber sie trauert bestimmt auch um uns. Sie weiß doch nicht einmal, was mit uns geschehen ist.«

»Annemieze, Luisa!« Hinter uns schlägt die Haustür zu.

Entsetzt kriechen wir hinter den bodenlangen Vorhang neben der Tür und drücken uns an die Wand. Was zur Hölle ...!

Bepackt mit drei prall gefüllten Papiertüten geht Udo in die Küche, ruft laut: »Ich koche uns etwas Schönes.«

»Ich hab keinen Hunger«, ruft Mama mit erstickter Stimme.

»*Devi mangiarlo!*«, sagt Luisa streng.

Nicht nur Mama musste etwas essen, auch wir. Doch mir ist übel, trotz beißendem Hunger, wie ich ihn zuletzt als Baby unter dem Hotelbalkon verspürt habe.

Aus der Küche dringen vergnügtes Summen und das Hacken eines Messers auf einem Brett.

»Sie weint nicht wegen Udo«, schlussfolgert Secondo. »Sie weint ...

»... unseretwegen.« Das ist sogar mir klar.

Luisa kommt herein, streift den Vorhang dabei und geht in die Küche. »Du singen?«, sagt sie auf Deutsch, »Schreck von *cinghiali* weg, *sí?*«

Udo summt lauter und baut ein »*Sí*« ein.

»Pass mir ja gut auf Annemie auf, wenn ihr morgen nach Hause fahrt«, sagt sie drohend, jetzt wieder auf Italienisch. »Das nächste Mal verscheuche ich die Wildschweine nicht, wenn sie dich in die Klippen treiben. *Mamma mia*, du solltest Gott danken! Du hast ein Scheißglück gehabt, dass ich dich schreien gehört habe. Warum bist du nicht einfach die paar Meter weitergefahren, wo ich mit dem kaputten Auto auf dich gewartet habe? Warum fährst du auf diesen Parkplatz, wo die Wildschweine ständig die Touristen beim Picknick abpassen?«

Er summt noch lauter.

»Ich hab Luisa also wirklich am Parkplatz gehört«, flüstere ich.

»Wo sind eigentlich die Kater?«, fragt Luisa wie nebenbei und fügt im Unschuldston hinzu. »Was kochst du uns?« Sie hat ihn längst durchschaut.

»Nichts Besonderes.« *Kochen* hat er natürlich verstanden. In das Blubbern kochenden Wassers hinein antwortet er: »Das Abschiedsessen von Elba.« Es riecht nach Pasta und Tomatensoße. Sogar das würde grauenhaft schmecken. Udo hat im Leben noch keinen Kochtopf angerührt.

Luisa kommt aus der Küche und sagt vor sich: »*Stronzo*!« Arschloch.

Udo war also nicht losgefahren, um erst uns loszuwerden und dann Mama abzuholen. Es war nicht das Krankenhaus gewesen, das angerufen hatte, sondern Luisa mit einer Autopanne. Sie durfte natürlich nicht wissen, dass er uns aussetzte. Daher der Parkplatz.

Beim Essen sitzen die drei nur Zentimeter von uns entfernt. Wir verharren hinter dem Vorhang, sehen nur den schweren Stoff. Ich traue mich kaum zu atmen.

Udo sagt: »Ich habe überlegt, dass wir morgen früh gleich die erste Fähre nehmen.«

»Ich reise nicht ohne Primo und Secondo ab«, sagt Mama.

»Aber Annemieze, die sind doch schon vor Tagen abgehauen. Akzeptiere es und sei froh, dass du deine dummen Eskapaden überlebt hast. Die Kater streunen herum, die kommen nicht mehr. Du weißt doch, wie sie sind.«

»Genau. Und deswegen«, sagt Mama, »garantiere ich dir: ihnen ist etwas zugestoßen. Sie sind immer in meiner Nähe.«

»*Sí, sí*«, sagt Luisa beiläufig.

»Aber«, die Dampfwalze schmatzt, »du warst bis

gestern nicht hier. Und schon am ersten Tag ohne dich sind die auf und davon. Da siehst du mal, was du den Viechern wert bist.« Erneutes Schmatzen. »Nämlich nichts!« Besteck klirrt auf Tellern. »Ich dagegen bin immer für dich da. Und damit du morgen früh noch gemütlich frühstücken kannst, kaufe ich noch rasch unsere Fährentickets in Portoferraio.«

Ein Stuhl schrammt über den Boden, Autoschlüssel klimpern, »bis gleich«, die Haustür geht auf und zu.

»Denk nicht mal dran«, zischt Secondo sofort. »Wenn du dich jetzt zeigst, flippt Mama vor Freude aus. Udo würde sofort ahnen, was Sache ist. Was er *dann* mit uns macht …«

Der Anruf kommt, als Luisa mit dem Abwasch beschäftigt ist und Mama auf dem Sofa liegt. Ein Unfall im Hafen. Ein Wagen ist mit überhöhter Geschwindigkeit aus der Fähre gefahren. Wenige Meter vom Ticketkiosk entfernt hat er Udo erwischt. Die Tickets in der Hand, ist er noch am Unfallort verstorben.

Sieben Monate später

Die Bougainvilleen blühen an jeder Ecke, ein sattes Grün liegt über der Insel. Es brummt und zirpt, und süßer Duft zieht in unserem Garten ein, als Mama die bunten Blumen in die frisch aufgebrochene Erde setzt. Wir helfen beim Buddeln, was sie schimpfend und lachend quittiert. Sie kann wieder normal gehen – ich auch – und sogar in den Beeten knien. Nachts wechselt sie sich mit Luisa beim Füttern ab. Der Cupra ist ideal für die Touren und immer mit genug Futter beladen. Die Freundinnen teilen sich den Wagen. Sie sind jetzt Nachbarinnen.

Mama hat den Bungalow im Sauerland und die Baufirma verkauft und ein Grundstück mit Haus neben Luisa erworben. Luisas Haus strahlt jetzt maisgelb, und ich schwöre, wir haben mit der neuen Fassadenfarbe nichts zu tun! Unser eigenes Haus ist azurfarben und hat meerblaue Fensterläden.

Secondo und ich denken noch oft an den Moment, als wir nach dem Anruf hinter dem Vorhang hervor und Mama auf den Bauch gesprungen sind. Sie hat uns gedrückt und geküsst und unter Tränen unsere Namen geflüstert. Luisa hat Geschirrhandtuch und Teller fallen lassen, die Hände gen Himmel gehoben und immer wieder »*Mamma mia, un miracolo!*« gerufen. Ob sie mit dem »Wunder« Udos banalen Tod oder unsere Rückkehr gemeint hat? Wer weiß das schon.

Bis heute betont Mama übrigens, dass Udo im Grund ein guter Mensch gewesen sei und niemandem je Böses hätte wollen. Was soll's. Mama ist glücklich, und Luisa hat Unterstützung. Und wir ... Wir genießen lebenslang Katzenurlaub. Und mussten für all das nicht zu Killern werden.

Franziska Wolffheim

Die Muse des Signore Parola

Anton mag die Hitze nicht. Die italienischen Katzen sind die Temperaturen offenbar gewohnt, er nicht. Immerhin zieht er mit seinem hellen Fell die Sonne nicht noch mehr an. Er wäre lieber zu Hause in Köln geblieben, aber Fabienne wollte ihn unbedingt dabeihaben. Sie ist sieben und wirft sich ständig auf ihn, um mit ihm zu schmusen, in Italien noch mehr als sonst, sie ist in Ferienstimmung. Bei der Hitze hat Anton wenig Lust auf ihre Übergriffe, abends ist okay, aber nicht tagsüber. Dass die Familie ihn in einen Käfig gezwängt und stundenlang auf dem Rücksitz des Autos geparkt hat, nimmt er ihr immer noch übel; bei der Fahrt über den Brenner ist ihm ziemlich schlecht geworden.

Am liebsten liegt er jetzt unter einer Pinie, die im Garten der Ferienanlage steht. Manchmal rafft er sich auf und läuft zum Schwimmbad, wo er hofft, ein paar Spritzer abzubekommen, wenn ein Kind ins Wasser springt. Manche Kinder sprechen eine fremde Sprache, sagen komische Sachen wie *ciao* oder *piscina*, ziehen die Wörter in die Länge, als wären es Gummibänder. Wenn Anton wieder unter seiner Pinie liegt, wundert er sich über ein seltsames Geräusch. Es klingt, als würde jemand beim Laufen atemlos keuchen. Fabienne hat ihre Eltern gefragt, was das ist, und sie meinen, die Grillen seien typisch für Italien, und ihr Zirpen sei wunderschön. Andreas, Fabiennes Vater, erklärt, Grillen würden erst ab 23 Grad Celsius zirpen, und je wärmer es sei, umso mehr Geräusche würden sie machen. Wenn man das Zirpen in einem Intervall von 25 Sekunden zähle, könne man daraus sogar die Lufttemperatur errechnen. Anton hört nur mit halbem Ohr zu, aber hat das Gefühl, dass Andreas spinnt.

Italien ist nicht nur schlecht. Anton findet, dass es am Gardasee deutlich besser riecht als in Köln. Er schnuppert an allem herum, Rosmarin, Salbei, Thymian – so nennt Maria, Fabiennes Mutter, das Grünzeug, das überall aus dem Boden schießt. Außerdem schmecken in Italien die Mäuse besser als zu Hause, sie sind aromatischer, und es ist mehr an ihnen dran. Anton hätte gern eine von den Eidechsen gekostet, die ständig um ihn herumflitzen, aber wenn er zum Sprung ansetzt, sind sie schon wieder in einer Mauerritze verschwunden.

»Keine Chance, du kannst dir die Mühe sparen!« Eine dunkle Katze mit einem weißen Fleck auf der Nase kommt mit langsamen Schritten auf ihn zu, sie sieht ein bisschen träumerisch aus. Offenbar hat sie

Anton beobachtet. »Mach dir nichts draus. Soweit ich weiß, schmecken Eidechsen sowieso nicht und fühlen sich im Maul glitschig an. Ich heiße übrigens Virgula. Was machst du hier?« – »Meine Familie hat mich hergeschleppt«, sagt Anton. »Sie nerven mich, weil sie ständig sagen, dass es hier der Traum vom Süden ist. Ich bin froh, wenn ich einen Schattenplatz habe.« – »Ich bin auch lieber im Schatten«, meint Virgula. »Wo wohnst du denn?«, will Anton wissen. »Nicht weit von hier. Allerdings ist mein Herrchen verrückt.« – »Das heißt, er redet wirres Zeug?« – »Das auch«, antwortet Virgula. »Schlimmer ist, dass er mich in seinem Zimmer einsperrt, wenn er dort drin ist, und irgendwann wie ein Wahnsinniger auf einen leuchtenden Kasten einhämmert.« – »Warum tut er das?«, fragt Anton. »Das möchte ich auch mal wissen«, antwortet Virgula. »Soll ich dir mal mein Zuhause zeigen?«

Anton zögert. Eigentlich hat er keine Lust auf Bewegung und auf den verrückten Signore schon gar nicht. Aber die italienische Katze sieht ihn herausfordernd an, und er hat nichts weiter vor. Also los. Virgula läuft voran, über schmale Wege und Oliventerrassen, die keuchenden kleinen Viecher sind ständig zu hören. Bald stehen sie vor einer etwas heruntergekommenen Villa mit hohen, spitz zulaufenden Fenstern. »Da oben ist das Zimmer von meinem Herrchen«, sagt Virgula und zeigt auf ein Fenster im Dachgeschoss. »Wenn ich auf seinem Schreibtisch liege, krault er mich versonnen und sagt: ›Carissima, du bist meine Muse.‹« – »Was ist denn das, Muse?« – »Keine Ahnung. Manchmal springe ich vom Schreibtisch runter und kratze wild an der Tür herum.« – »Was bekommst du dafür, dass du auf seinem Schreibtisch herumlungern musst?«, fragt Anton. »Mein Herrchen ist ein Feinschmecker«, antwortet Virgula. »Ich bekomme *Vitello tonnato*, das ist Kalbfleisch mit Thunfisch, außerdem Forelle, Parmaschinken und als Nachtisch *Tiramisù*. Solche Sachen, alles vom Feinsten. Und das jeden Tag.«

Anton folgt Virgula durch den Garten, und plötzlich kommt ihnen ein älterer Mann entgegen. Er geht leicht gebeugt, in der rechten Hand hält er einen schwarzen Stock mit einem weißen Knauf, der aussieht wie ein Frauenkopf. Sein Haar ist dunkel, und über den Lippen wachsen sorgfältig zu den Seiten getrimmte Haare. »*Buon giorno, chi sei?*«, fragt er jetzt Anton in der fremden *Ciao*-Sprache. Dann beugt er sich zu ihm hinunter und wirft einen Blick auf sein Halsband. »Ah, Anton, Antonio, willkommen, lieber Gast aus dem Norden. Ich heiße Tomaso di Parola.« Offenbar kann der Typ auch so sprechen, wie man in Antons Familie spricht, ohne das viele *tsch* und *rrr*. Während der alte Mann redet, dreht er sich elegant einmal im Kreis, und Anton muss aufpassen, dass er den Stock nicht abkriegt. Dann führt er die Katzen in die Küche, kramt im Kühlschrank und stellt ein paar Schälchen auf ein Silbertablett. Dabei murmelt er: »Roastbeef mit Remouladensoße, Lachsforelle, *Panna cotta. Prego.*« Anton muss zugeben, dass Virgula nicht gelogen hat, alles schmeckt köstlich.

»Komm, Antonio, ich zeige dir die Stätte meiner Inspiration«, sagt Signore Parola. Sie gehen mehrere Treppen hoch, die Stufen sind aus Holz und knarren. Das Zimmer unterm Dach ist dunkel, die Fensterläden sind fast ganz geschlossen. Auf dem Schreibtisch steht ein silberfarbenes Ding mit einem angebissenen Apfel drauf. Der Signore deutet stolz auf ein Bild an der Wand. »Das ist Gabriele d'Annunzio, einer der größten Dichter der Welt, ich bin ein Nachfahre von ihm.« Anton nähert sich dem Bild. Ein Typ mit einem verwirrten Blick und einem dicken Strich aus Haaren über dem Mund, wie ihn auch der Signore trägt. »Meine liebe Virgula kommt ebenfalls aus einer illustren Familie. Sie ist die Nachfahrin einer wunderschönen Katze, die einst die große Dichterin Elsa Morante besessen hat. Virgula ist eine exquisite Katze, *la fortuna del poeta.*« Anton versteht nichts von dem, was der Alte erzählt. Virgula scheint das Geleiere schon zu kennen und gähnt.

Der Dichter schließt die Tür, hebt Virgula hoch und platziert sie in der linken Ecke seines Schreibtisches. Dann nimmt er Anton und drapiert ihn in der anderen Ecke. Darauf sagt er beschwörend:

»O Virgula, leibhaftiges Komma,
du göttlicher Tiger,
meine Inspiration bist du heute,
versenke ich mich in deinem dunklen Fell,
fließen mir die Worte wie von Geisterhand.«

Dann wendet er sich Anton zu:

»O Antonio, du göttlicher Tiger aus dem Norden,
ich bewundere dein edles helles Fell,
gelobt seien die kühlen Winde, die du uns mitgebracht,
mein Geist wird ganz klar, wenn ich dich anblicke,
und die Worte fließen wie von Geisterhand.«

Er krault Antons Fell, was dieser etwas übergriffig
findet, dann streichelt er ausgiebig Virgula. Schließlich wendet er sich dem silbernen Teil auf seinem
Schreibtisch zu und klappert mit seinen Fingern darauf herum. Anton findet das Geräusch anstrengend,
fast so blöd wie die heiseren Nervensägen. Er wirft
Virgula einen fragenden Blick zu.
   Nach einer Weile stöhnt Signore Parola, lehnt sich
in seinem Stuhl zurück und ruft: »Liebe Tiger, ich
bin müde und lege mich ein bisschen ab. Ihr könnt
gern draußen herumstromern.« Er öffnet die Tür,
geht zu dem roten Diwan, der vor dem Fenster steht,
und streckt sich darauf aus. Virgula gibt Anton ein
Zeichen zu warten. Nach einer Weile ist Signore Pa-

rola eingeschlafen und gibt leise Schnarcher von sich. Virgula nickt, dann macht sie sich an der Schnur zu schaffen, die an dem silbernen Ding hängt. Anton wundert sich, was das soll, aber zieht mit. Bald ist das Teil raus. Virgula springt auf den Boden. »Jetzt wird es schwieriger«, sagt sie. Gemeinsam zerren sie an der Schnur, die in der Wand verschwindet, endlich gibt sie nach und fällt auf den Boden. »Allein hätte ich das nicht geschafft«, meint Virgula zufrieden, »die nehmen wir mit.« Signore Parola schnarcht immer noch, die Haare unter seiner Nase zittern.

Virgula läuft schnell die Treppe hinunter, die Schnur um den Hals, Anton folgt ihr. Unten angekommen, schlüpft sie in die Speisekammer neben der Küche. Auf dem Boden stehen mehrere Kisten aus Holz, unter der Decke baumeln dicke Salamis. Anton inhaliert genüsslich den würzigen Duft. Jetzt hebt Virgula mit den Vorderpfoten den Deckel einer Kiste an, in der ein paar Flaschen mit einer dunklen Flüssigkeit lagern. »Schnell, jetzt bist du dran!«, sagt sie zu Anton. Der Kater klaubt die Schnur vom Boden hoch und lässt sie in die offene Kiste gleiten. Virgula zieht die Pfoten weg, der Deckel klappt mit einem lauten Knall zu. »Jetzt ist erst mal Schluss da oben mit Muse, Tiger und dem ganzen Gedöns. Komm, wir gehen zu meinem Lieblingsplatz.«

Hinter der Villa, unter einem knorrigen Olivenbaum steht eine Holzbank. Zusammen legen sie sich unter die Bank. »Bin gespannt, wann der Alte das Ding findet«, sagt Virgula. »Jetzt habe ich erst mal meine Ruhe. Ohne die Schnur kommt er nicht weiter. Das sagt er jedenfalls immer, wenn er das Ding sucht.« – »Kommst du morgen wieder zu mir?«, fragt Anton. »Klar. Wie lange bleibst du denn?« – »Keine Ahnung. Aber vorher möchte ich unbedingt noch eine Eidechse fangen.« – »Viel Spaß«, sagt Virgula. »Hast du denn schon mal eine gefangen?«, fragt Anton. »Nie, aber Mäuse sind mir sowieso lieber, da ist mehr dran.« – »Und meinst du, an diesem Musen-Dings, was auch immer das ist, könnte was dran sein?«, fragt Anton. »Keine Ahnung«, antwortet Virgula, »aber ich glaube, die sind nicht essbar.«

Roberta Gregorio

Parmenides' Taufe

Es war dunkel in Mailand, eine dieser feuchten, nie enden wollenden Nächte mit so dichtem Nebel, dass man die Feuchtigkeit nicht nur spüren, sondern auch sehen konnte. Ein paar Minuten im Freien, und alles wurde klamm, Kleidung oder Fell, für Mensch wie Tier. Die Sterne waren gut versteckt, während man den Mond nur als schwachen Schein hinter dem ganzen Dunst erahnen konnte.

In einer ruhigen Nebenstraße lag ein großer, namenloser Kater eingerollt vor der Tür eines Menschen, der ihn ab und an fütterte und selten mal seinen Kopf tätschelte. Das war das, was der Kater tolerierte, aber auch gerade so viel, wie der Mensch willig war zu geben. Der Kater hatte schon immer auf der Straße gelebt, kam gut zurecht mit der Unabhängigkeit, während der Mensch quasi nie zu Hause war und keine Zeit hatte, sich rund um die Uhr um ein Tier zu kümmern. Und so hatten sie diese lose Bindung, dieses Zusammenleben auf Distanz, das für beide akzeptabel war.

Die Frage, ob sie sich denn mochten, konnte der

Kater nicht beantworten, doch hatte er auf jeden Fall keine Probleme damit, schlief mehr oder weniger gern draußen und konnte sowieso jagen, wenn er hungrig war. Nur diese verdammte Feuchtigkeit machte ihm zu schaffen. Es war in diesen Momenten, dass er sich in eine trockenere, wärmere Gegend wünschte. Urlaub nannte man das wohl. Er hatte das oft bei Menschen miterlebt. Sie fuhren weg und kamen komplett erholt wieder. Braungebrannt. Mit von der Sonne ausgebleichten Haaren. Oh, wie sehr sehnte er sich danach ...

Er fuhr sich immer und immer wieder mit der Pfote über den Kopf und die Ohren, aber es brachte nichts. Er konnte sich gerade so beherrschen, sich nicht zu schütteln wie ein Köter. So weit kam es noch ... instinktiv leckte er sich die alte Narbe am Hinterbein, in das ein Hund seine Zähne ganz tief gegraben hatte, als der Kater zu klein gewesen war, um die Gefahr einzuschätzen. Das war ihm kein zweites Mal passiert.

Der Kater stand auf, reckte und streckte sich. An Schlaf war nicht zu denken, er spürte die Feuchtigkeit bis in die Knochen, obwohl es Sommer war. Er würde ein bisschen spazieren und sich ein besseres Plätzchen zum Schlafen suchen.

Auf der Straße musste man flexibel sein. Mal hier schlafen, mal dort, mal hier fressen, mal dort. Sich verstecken oder gleich komplett verschwinden. Dieser Gedanke war jedoch nicht ganz so angenehm, musste er zugeben. Ja, wenn es etwas gab, das ihn am Leben auf der Straße störte, dann war es die Tatsache, dass es niemanden kümmern würde, wenn er ganz verschwand. Für immer. Er hatte ja nicht einmal einen richtigen Namen. Der Mensch, der ihn ab und an fütterte, sagte Miez zu ihm.

Also bitte ... Miez?!

Diese Sache mit der Namenlosigkeit, ja, die war hart zu verdauen. Er war ein Niemand, ... das tat weh. Manchmal überlegte er sich Namen, die er gern haben würde, Namen, die er aufgeschnappt hatte. Aber was nutzte ihm ein Name, wenn ihn dann niemand so rief?

Der Kater spazierte weiter durch die Nachbarschaft, nahm aus dem Augenwinkel wahr, dass ein Auto in eine kleine Einfahrt fuhr. Er dachte nicht wirklich nach und lief über die Straße, schlich sich in den Wagen, als die Fahrerin ausstieg. Flink. Lautlos. Bevor er es sich anders überlegen konnte, schlug die Fahrerin die Autotür zu, es war offensichtlich, dass sie ihn nicht gesehen hatte. Der Kater hatte kurz ein unangenehmes Gefuhl, schließlich war er im Auto gefangen. Doch dann war die Wärme im Innenraum so angenehm, dass er alle Sorgen abschüttelte, sich unter einer Decke einrollte, die auf der hinteren Sitzbank lag, und fast sofort einschlief.

***

Tina hatte kaum geschlafen und irgendwann beschlossen, dass sie genauso gut schnell zur Tankstelle fahren konnte, was sie dann auch gemacht hatte. Sie war ruhelos, was verständlich war, schließlich stand sie kurz davor, Mailand zu verlassen.

Sie betrat die längst von ihrem wenigen persönlichen Hab und Gut befreite Wohnung, die sie beinahe fünf Jahre als Mieterin bewohnt hatte, und blickte sich ein letztes Mal um. Sie hatte spontan beschlossen, eher loszufahren, wenn sie schon nicht schlafen konnte. Klar, es bewegte etwas in ihr. Immerhin hatte sie viel Zeit in diesen vier Wänden verbracht, doch andererseits war sie auch unglaublich froh, hier nicht mehr wohnen zu müssen. Das Leben auf zweiunddreißig Quadratmetern war eine Herausforderung gewesen. Mailand war eine Herausforderung gewesen. Sie hatte nie genug Geld gehabt, obwohl sie regelrecht geschuftet hatte. Alles war teuer gewesen, von der Miete bis hin zum Aperitivo mit Freunden. Damit war jetzt Schluss. Sie legte den Schlüssel, wie mit dem Vermieter vereinbart, auf den Schreibtisch, löschte das Licht und verließ die Wohnung. Für immer. Sie stieg wieder ins Auto und fuhr los, mit einer ganzen Ladung Gedanken im Kopf.

Als sie Jahre zuvor nach Mailand gezogen war, um Archäologie zu studieren, war sie voller Hoffnung gewesen. Voller Hoffnung, einen gutbezahlten Job zu finden, sich in ihrem Leben in die richtige Richtung zu bewegen. Doch schon sehr bald war sie mit der Realität konfrontiert worden. Und die war, dass sie sich nach nur einem Jahr nicht mehr leisten konnte, sich auf ihr Studium zu konzentrieren, weil es zu teuer war, obwohl ihre Eltern aus dem Süden ständig Geld geschickt hatten. So lange, bis Tina eingesehen hatte, dass sie das nicht wollte. Sie brach ihr Studium ab und arbeitete rund um die Uhr, weil die Alternative gewesen wäre, zurück in den Süden zu den Eltern zu gehen, nur um ihnen noch länger auf der Tasche zu liegen. Von einer vernünftigen Arbeitsstelle keine Spur.

Auch das hatte Tina nicht gewollt.

Doch jetzt, nach all der aufreibenden Zeit, hatte sich das Blatt gewendet, und alles hatte mit dem Anruf ihrer Mutter angefangen.

»Schatz, ich habe gelesen, dass in den Ausgrabungen Velia eine Stelle im Ticketverkauf frei geworden ist. Willst du dich mal bewerben?«

Zugegeben, Tina hatte sich anderes für ihre Zukunft erträumt. Eintrittskarten an der Ausgrabungsstätte in ihrem Heimatort zu verkaufen, war bestimmt kein Traumjob, aber ein sicherer. Und immerhin hatte er etwas mit ihrer großen Leidenschaft, der Archäologie, zu tun. Das war allemal besser, als in Mailand zu kellnern, zu putzen, im Verkauf zu arbeiten und dann doch immer jeden Cent dreimal umdrehen zu müssen.

Sie hatte also ihren Lebenslauf geschickt und erst mal eine ganze Weile nichts gehört. So lange, dass sie schon gar nicht mehr daran gedacht hatte. Dann war die Zusage gekommen. Es ging also zurück nach Hause, zurück in den Süden.

***

Dass etwas nicht stimmte, merkte der Kater erst, als es draußen hell war. Er öffnete mühsam ein Auge, befreite sich vorsichtig von der Decke und wusste ein paar Sekunden lang nicht, wo er sich befand. Dann fiel es ihm ein. Er war noch immer im Auto, so viel war klar. In einem Auto, das sich jetzt fortbewegte – und daran konnte er wohl nichts mehr ändern. Das war aber auch eine dumme Idee gewesen, in der Nacht einfach hineinzuspringen! Andererseits musste er aber zugeben, dass er so gut geschlafen hatte wie ... ja, vielleicht wie noch nie. Er gähnte lautlos, reckte sich vorsichtig, damit die Fahrerin nicht erschrak, die ihn offenbar noch gar nicht bemerkt hatte. Das war auch gut so. Er würde sich einfach wieder unter der Decke verstecken und aus dem Auto springen, sobald sich ihm die Möglichkeit bot. Er blickte aus dem Fenster und beruhigte sich, es war nichts Irreparables passiert. Durch die Fensterscheibe erreichten ihn warme Sonnenstrahlen, die sich nach der feuchten Nacht so, so gut anfühlten. Er begann zu entspannen, das Summen des Motors erinnerte ihn an sein eigenes Schnurren, er fühlte sich schläfrig. Doch die an ihm vorbeiziehende Landschaft hielt ihn wach. Wenn keine weiteren Autos oder Lastwagen den Blick versperrten, konnte er den Himmel sehen. Und der Himmel war von derartig strahlendem Blau, wie er ihn in der Stadt nur ganz selten erlebte.

Er fuhr zum ersten Mal in einem Auto, er hatte auch zum ersten Mal die Stadt verlassen und merkte, dass er es mochte. Er fand es schön, so viel Grün neben der Autobahn zu sehen. Herrlich, nicht von unzähligen Gebäuden umgeben zu sein. Er konnte den Blick nicht vom wunderschönen Himmel wenden. Es war mollig warm im Auto. Wundervoll! Er leckte sich über das Fell, es war ganz heiß. So wie es sich gehörte.

Der Kater war so entspannt, dass er, als das Auto plötzlich heftig bremste, mit dem Kopf gegen die Autoscheibe schlug. Er erschrak, fauchte und machte einen unkoordinierten Satz nach vorn, schlug erneut gegen die Scheibe und verkroch sich unter dem Sitz, was bei seiner Körpergröße gar nicht so einfach war, zumal dort allerhand Zeug steckte. Er dachte angestrengt darüber nach, wie er sich unsichtbar machen konnte. Aber zu spät, da die Fahrerin ihn bereits entdeckt hatte.

»Schock meines Lebens! Was war denn bitte das?

Eine Katze? Wie um alles in der Welt kommt eine Katze in mein Auto!«, rief die junge Frau und sprach aufgeregt weiter mit sich selbst. Bis das Auto hielt.

Der Kater schluckte. So war das alles nicht geplant gewesen.

***

Tina war furchtbar erschrocken, als sie im Rückspiegel entdeckt hatte, dass sie nicht allein im Auto war. Eine Katze! Und was für eine. Ein riesiges Tier, vermutlich eine Maine-Coon-Mischung mit ganz großem Kopf und enormen Ohren. Viel mehr hatte sie dann aber nicht gesehen, weil das arme Tier sich verkrochen hatte.

»Süßes Kätzchen ... komm! Ich tu dir nichts!«, versuchte sie, die Katze aus dem Versteck zu locken. Vergeblich. »Kätzchen! Hast du vielleicht Hunger?«

Tina suchte in ihrer Provianttasche nach etwas Essbarem, fand ein Salami-Panino, zupfte die Wurst heraus und hielt sie der Katze unter dem Beifahrersitz hin. Es dauerte eine Weile, bis sich das Tier langsam aus dem Versteck locken ließ. Es war noch so viel größer, als sie vermutet hatte. Besonders war an der Katze aber nicht nur die Größe, sondern auch die Fellfarbe, denn sie war mit geometrischer Präzision vom Kopf bis hin zur Taille getigert, während ihr Hinterkörper rötlich schimmerte. Weiß waren die Pfoten und ein Fleck auf der Brust, die Augen grau, und der Ausdruck auf dem Gesicht war beinahe menschlich. Ja, die Katze erinnerte an einen weisen alten Mann, wenn man das so sagen konnte.

»Du bist aber schön!«, fand Tina und bot noch mehr Salami an, die die Katze liebend gern fraß. Auch ein Kraulen hinter dem Ohr ließ sie zu. Insgesamt war es ein zutrauliches Tier. Tina suchte den Hals nach einem Band ab, aber nichts dergleichen war vorhanden. Vermutlich ein Streuner. »Was mache ich denn jetzt mit dir?«, überlegte Tina laut, obwohl sie die Entscheidung eigentlich schon getroffen hatte. Sie konnte die Katze unmöglich irgendwo an der Autobahn aussetzen. Sie musste mit. Mit in den Süden.

***

Der Kater wusste nicht, wie ihm geschah. Er mochte dieses Betüdeln eigentlich kein bisschen, doch bei dieser jungen Frau ... er konnte es nicht so richtig erklären, aber so geborgen und sicher hatte er sich nicht gefühlt, seit er mit seiner Mamma und mit seinen Geschwistern in einem Karton gelegen hatte. Wurde er auf seine alten Tage etwa ein Sensibelchen?

Die Frau ließ ihn kurz raus, gab ihm etwas zu trinken und machte ihm einen bequemen Platz auf dem Beifahrersitz. Sie aß selbst etwas, fütterte ihn mit dieser leckeren Salami, der er nicht widerstehen konnte, und sprach pausenlos mit ihm. Erzählte von einer neuen Arbeitsstelle, auf die sie sich freute, in einer Ausgrabungsstätte in einem Küstenort, die einst der Sitz einer eleatischen Philosophieschule und einem abendländischen Ärztebund gewesen sein soll. Die junge Frau erwähnte mehr als einmal den Philosophen Parmenides, und der Kater dachte bei sich, dass er sich exakt diesen Namen auswählen würde, wenn er es könnte.

Er ließ sich weiter von der angenehmen Stimme der jungen Frau, die sich als Tina vorgestellt hatte, einlullen, von den Sonnenstrahlen erwärmen und von den Eindrücken beglücken. Er verliebte sich Kilometer nach Kilometer immer mehr in die Landschaft, all das Grün, das sie umgab, die sanften Hügel, die einen so harmonischen Kontrast zum strahlend blauen Himmel darstellten, in all die neuen Düfte, die jedes Mal ins Auto strömten, wenn Tina die Scheibe herunterließ.

Oh, wie wundervoll war diese unerwartete Reise. Was für ein Geschenk des Himmels auf seine alten Tage ... Er hatte geglaubt, das Leben auf der Straße zu mögen, er hatte sich eingeredet, dass es ihm trotz der feuchten Nächte und des Asphalts gut ging, vor allem ohne einen Menschen. Doch wie sehr hatte er sich getäuscht. Tinas Hand auf seinem Fell, hinter seinem Ohr war so ziemlich das Schönste, was er sich vorstellen konnte.

Sie fuhren, Tina sang, er blickte aus dem Autofenster, manchmal hielten sie kurz, sie trank etwas, gab ihm immer etwas ab, erlaubte ihm, ein paar Schritte zu gehen, bevor es wieder losging. Sie fuhren und fuhren, und Kilometer nach Kilometer änderte sich etwas, vielleicht die Farben oder die Strahlkraft der Sonne. Auf jeden Fall aber die Düfte und die Landschaft, die teilweise etwas schroffer, aber nicht minder schön wirkte.

»Schau mal, das Meer!«, erklärte Tina irgendwann und zeigte zum Horizont.

Und da sah er es auch – das viele Wasser, das sich bis zum Himmel zu erstrecken schien. Die Sonne spiegelte sich darin, die Wasseroberfläche glitzerte wie flüssiges Gold. Noch nie hatte er etwas derartig Atemberaubendes gesehen.

»Wir sind gleich da«, erklärte Tina und lenkte das Auto von der Autobahn über eine Schnellstraße, die zu ihrem Heimatort führte. Der Kater versuchte, alles in sich aufzunehmen. Die Bäume, die hier ganz anders aussahen, die Hügel, die bedeckt waren mit einer Flora, der man ansah, dass sie sich an die Hitze angepasst hatte mit den kleinen Blättern und den vielen Sträuchern und Kakteen. Die Menschen, die der Kater vom Auto aus sah, lächelten. Sie winkten. Sie waren nicht in Eile.

War das so im Süden?

Tina hielt irgendwann an einem Strand. Sie stiegen beide aus, der Kater spürte den Sand unter den Pfoten. Das Meer hatte einen ihm unbekannten Geruch. Natürlich größtenteils nach Fisch, aber irgendwie auch nach fernen Ländern und Abenteuern, wenn man das überhaupt so sagen konnte. Er reckte die Nase in die Luft und schnupperte.

»Komm mit, ich zeige dir etwas«, sagte Tina.

Sie kamen zu einer riesigen Statue, deren rechter Fuß, im Gegensatz zum restlichen Körper, glänzte.

»Das hier ist die Statue des Philosophen Parmenides. Einer Legende nach sollen die Wünsche aller in Erfüllung gehen, die seinen rechten Fuß berühren.« Sie hob ihn ächzend hoch, was er für vollkommen übertrieben empfand, weil er vielleicht ein bisschen groß, aber keinesfalls dick war, und hielt ihn an den rechten Fuß der Statue. Und er tat ihr den Gefallen, legte die Pfote drauf.

»Willkommen in Ascea!«, sprach sie feierlich. »Und jetzt lass uns noch ein bisschen ans Meer gehen«, schlug sie vor und trug ihn an den Strand. Sie setzte sich in den Sand, nahm ihn auf den Schoß, hörte gar nicht mehr auf, ihn zu streicheln. Es war wunderbar warm und trotz der Nähe zum Wasser gar nicht feucht. Eine leichte Brise wehte über sein Fell hinweg. Er musste blinzeln, so schön war das alles.

»Ich weiß ja nicht, ob du schon einen Namen hast, aber darf ich dich von jetzt an vielleicht Parmenides

nennen?«, fragte sie mit sanfter Stimme und drückte ihm einen Kuss auf den Kopf.

Er spürte ein seltsames Brennen in der Nase und
ein Zwacken in der Brust.

Parmenides.

So würde er von jetzt an heißen. Ja, hier würde
er bleiben, in dem Ort, der ihm seinen Namen be-
schert hatte. Und sein neues Leben würde sich in einen einzigen, langen Urlaub verwandeln. In einen
Urlaub für immer, mit Sonne, Wärme und leckerer
Salami von Tina, umgeben von gutgelaunten Menschen aus aller Welt. Er sah sich schon tagelang am
Strand liegen. Oder bei Tina auf dem neuen Arbeits-
platz als erster Kater auf der Welt, der als Reisefüh-
rer arbeiten würde ... Er hob die Nase, die Brise spielte mit seinen Barthaaren. Alles erschien ihm wie ein
Traum, nur tausendmal schöner.

Sabine Trinkaus

Summer of Love

Belinda setzte vorsichtig die Pfoten in den warmen Sand. Das Meer glitzerte in der warmen Abendsonne, es duftete köstlich nach Salz, Blumen und Fisch. So perfekt, so richtig fühlte es sich an, dass sie kurz ihr schlechtes Gewissen vergaß.

Es war schließlich auch im Sinne der Frau, wenn Belinda sich ein paar Stunden erholte. Auf ganz untypische Art, denn eigentlich liegt Katzen das Reisen nicht. Sie mögen keinen Urlaub. Sie brauchen auch keinen, schon, weil ihnen das Konzept von Stress in der Regel eher fremd ist. Nun gibt es von jeder Regel natürlich Ausnahmen. Und eine solche war Belinda an jenem Tag in diesem Sommer, denn sie war gestresst. Durch und durch gestresst sogar. Und das lag an der Frau.

Aber an die Frau wollte sie jetzt nicht denken, und das musste sie zum Glück auch nicht, denn in diesem Moment hörte sie die Stimme.

»Wen haben wir denn da?« Vor ihr stand ein Kater. Ein prächtiger Kater, feingliedrig, elegant und muskulös. Sein schwarzes Fell glänzte, und über den dichten gepflegten Schnurrhaaren sah er sie aus den schönsten grünen Augen an, die Belinda je erblickt hatte. »Kennen wir uns nicht von irgendwoher?« Sein leicht anzüglicher und siegessicherer Ton verriet Belinda, dass er sich seiner Attraktivität durchaus bewusst war.

»Ich bin Belinda«, stellte sie sich trotzdem schnurrend vor. Sie hatte schon immer eine gewisse Schwäche für Angeber gehabt. »Und wir kennen uns ganz sicher nicht. Ich bin gerade erst angekommen, ich mache hier Urlaub.« Sie warf sich in Pose und erwiderte kokett seinen Blick.

»Urlaub, ah ja. Ganz allein?«

»Natürlich. Warum denn nicht?« Sie bemühte sich um einen mild-empörten Ton, der suggerierte, dass es das Normalste der Welt war, dass eine erwachsene Katze sich mal eine Auszeit nahm.

Von der Frau, die leider keine nette Frau war. Nie grüßte sie die Nachbarn, nie lächelte sie auf der Straße jemanden an. Die Worte ›bitte‹ und ›danke‹ kamen ihr nur über die Lippen, wenn es absolut unumgänglich war. Sie gab kein Trinkgeld, zankte mit Friseuren, Taxifahrern und Verkäuferinnen. Belindas Frau fühlte sich immer schlecht behandelt und hatte an allem und jedem etwas auszusetzen. Kein Wunder, dass sie einsam war.

Belinda hingegen war eine ausgesprochen nette Katze. Eine pflichtbewusste dazu. Darum war ihr klar, dass es ihre Aufgabe war, der einsamen Frau eine tröstende und gute Gefährtin zu sein.

Auf den ersten Blick schien das durchaus machbar, denn Belinda gegenüber verhielt die Frau sich tadellos. Sie fütterte sie mit teuren Leckerbissen, kaufte ihr Kratzbäume und Katzenspielzeug. Selbstverständlich war es Belinda gestattet, auf dem Sofa zu liegen und im Bett der Frau zu schlafen. Sie hatte eigentlich keinen Grund zur Klage.

Aber ebendarum wollte sie ja jetzt nicht an die Frau denken. Sich lieber auf diesen Kater konzentrieren, der sie nicht aus seinen grünen Augen ließ. »Hast du vielleicht Lust auf Gesellschaft? Ich bin Oswaldo, ich kenne mich gut aus. Ich könnte dir zeigen, wo man hier am besten den Abend einläutet. Ein Eckchen, das fast genauso schön ist wie du!«

Das plumpe Kompliment beeindruckte Belinda wenig. Ein Aufreißer, ohne jeden Zweifel. Allerdings ein höllisch attraktiver. Und ein kleines Abenteuer kam ihr gerade recht. Darum folgte sie ihm zu dem Felsplateau am Meer, von wo aus man einen fantastischen Blick auf den Sonnenuntergang hatte. Etliche Katzen tummelten sich dort, was wohl auch mit dem Katzengamander zu tun hatte, der üppig aus den Felsspalten wucherte. Obwohl Belinda nicht sonderlich drogenaffin war, ließ sie sich nicht lange bitten. Urlaub war schließlich Urlaub, und sie fühlte sich ohnehin schon angenehm berauscht. Von der

Schönheit der Insel. Und womöglich ein winziges bisschen von Oswaldo, der sich nun dicht neben sie auf den sonnenerwärmten Felsen legte. »Und jetzt verrate mir doch, wie es kommt, dass eine so schöne und kluge Katze wie du hier ganz allein herumläuft«, schnurrte er ihr ins Ohr. In einem Ton, der Belinda ganz weich machte. Womöglich lag es auch am Katzengamander, dass sich ihre Zunge plötzlich lockerte. Sie erzählte von dem Flug, den sie zwar in der engen Plastikkiste, aber immerhin in der Kabine und nicht im kalten Frachtraum verbracht hatte. Belindas Frau war nämlich durchaus bereit, für den Komfort ihrer Katze zu zahlen. Da auch ihre eigene Bequemlichkeit ihr das Geld, von dem sie ohnehin zu viel hatte, wert war, waren sie sogar erster Klasse gereist. Trotzdem war es der Frau zu eng gewesen, das Essen hatte ihr nicht geschmeckt, und den Wein hatte sie zu sauer gefunden.

Belinda erzählte von dem wunderschönen Haus, das die Frau gemietet hatte, mit diesem zauberhaft verwilderten Garten, der von der hohen Mauer umgeben war, hinter der man das Meer rauschen hörte. Von diesem unglaublichen Duft, davon, wie perfekt das alles gewesen war, auch wenn die Frau das natürlich anders sah. Sie fand den Garten ungepflegt, außerdem war ihr das Bett zu weich, das Bad zu klein, die Terrasse zu sonnig, und die Stühle waren ihr zu hart. Belinda erzählte von dem vorwurfsvollen und

weinerlichen Ton, der ihr derart auf die Nerven gegangen war, dass sie die letzten Skrupel über Bord
geworfen und die erste Gelegenheit genutzt hatte,
um aus dem Haus und durch das schlampig geschlos-
sene Gartentor zu entkommen.

»Ich brauche einfach eine Pause«, erklärte sie.
»Ein bisschen Erholung von meiner Frau.« Sie zögerte. »Ich mag sie nicht besonders«, gestand sie Oswaldo. »Ich kann sie ehrlich gesagt nicht leiden. Dabei
ist sie gut zu mir. Und sie braucht mich, weil sie sehr
einsam ist ...« Erneut zögerte sie. »Ich bin wohl eine
schrecklich egoistische Katze«, seufzte sie dann.

»O nein, das darfst du nicht sagen, meine Schöne!« Oswaldo klang ehrlich empört. »Das ist nicht
deine Schuld. Du kannst nichts dafür. Ich kenne viele Katzen, die das gleiche Problem haben. Die meisten Menschen sind doch sehr mangelhafte Geschöp-
fe. Auf Dauer nicht gut zu ertragen. Darum habe ich
mich entschlossen, diese Art von Abhängigkeit zu meiden. Als erfolgreicher Geschäftskater bin ich mein
eigener Herr!«

Abermals seufzte Belinda, diesmal allerdings eher
genervt. »Klar, natürlich. Du bist schon echt ein tol-
ler Hecht!«

Ihr Sarkasmus war an Oswaldo verschwendet. Er
nickte zufrieden. Und eigentlich war Belinda das
auch. Es brachte ja nichts, über Dinge zu reden, die
sich nun einmal nicht ändern ließen. Und außerdem

warf Oswaldo ihr nun wieder so einen Blick zu, der ihr durch und durch ging. »Apropos Hecht«, raunte er ihr ins Ohr. »Darf ich dich zum Essen ausführen, meine Schöne? Ich kenne da einen tollen Laden. Geh nicht weg, ich muss nur kurz für kleine Königskater, dann können wir los.«

Kaum war er weg, näherte sich eine andere Katze. »Du bist mit Oswaldo hier?« Sie grinste wissend. »Ganz unter uns Damen – pass lieber auf. Er ist ein echter Herzensbrecher.«

»Und wirklich sehr von sich überzeugt.« Belinda zog eine freundliche Grimasse. »Aber ziemlich heiß ist er. Und hey, ich habe Urlaub, ich bin hier, um mich zu amüsieren. Keine Sorge, mein Herz ist nicht in Gefahr.«

»Dann ist ja gut. Er ist kein schlechter Kerl, unser schöner Oswaldo. Er kann nur einfach seine Pfoten nicht von Rothaarigen lassen.« Die Katze strich sich mit der Pfote über den Kopf, der, wie Belinda nun bemerkte, ebenso kupferfarben glänzte wie der Rest des Fells.

Die Katze bemerkte Belindas irritierten Blick und lachte. »Nein, nein, keine Sorge. Ich bin schon lange raus aus diesem Spiel. Zu alt für den Scheiß, Erotik, Romantik, Gamander, verdammt, ich bin zu alt für diese verdammte Insel.«

Belinda sah sie ungläubig an. »Aber es ist toll hier, es ist der schönste Ort, an dem ich je war!«

»Es ist toll, wenn man jung ist. Aber warte nur, bis das Rheuma kommt. Ich glaube, ich habe eine Meeresfrüchteallergie entwickelt. Rücken habe ich sowieso. Und an den Winter mag ich gar nicht denken ...«

»Elena!«, unterbrach nun Oswaldo das Gespräch. »Erzählst du wieder Räuberpistolen über mich?« Ein leises Fauchen lag in seiner Stimme.

»Keine Sorge, alter Schwerenöter. Du kannst es dir vielleicht nicht vorstellen, aber es gibt interessantere Themen als dich.« Elena grinste gutmütig.

Oswaldo wirkte nicht überzeugt. »Wie auch immer«, maunzte er scharf. »Wir müssen los, ich habe einen Tisch reserviert!«

Belinda lächelte Elena zum Abschied verschwörerisch zu und ließ sich von Oswaldo in den kleinen Ort führen, wo er zu ihrer Überraschung tatsächlich geradewegs durch die offene Tür eines Restaurants spazierte und zielstrebig einen Tisch ansteuerte, an dem ein Mann saß und gerade dabei war, einen prächtigen Fisch zu verzehren. Als er Oswaldo erblickte, lächelte er. »Na, mein Räuber? Wo hast du dir denn diese Schönheit angelacht?«

Belinda bedankte sich mit einem leisen Schnurren für das Kompliment, während der Mann dem Ober winkte. Belinda traute ihren Augen kaum, als der prompt eine weitere Platte mit Fisch brachte, die er, ohne mit der Wimper zu zucken, unter den Tisch stellte.

»Bitte, meine Schöne. Guten Appetit«, schnurrte Oswaldo. »Mein Fisch ist dein Fisch, lass es dir
schmecken!« Das ließ Belinda sich nicht zweimal sagen, merkte sie doch, dass sie schrecklich hungrig
war. Gierig stürzte sie sich auf den Fisch. Besann
sich etwas zu spät ihrer guten Manieren. »Entschuldige.« Sie blickte schuldbewusst auf den Teller, der
fast leer war und von dem ihr Gastgeber kaum einen
Happen genommen hatte. »Ich bin normalerweise
nicht so gefräßig«, behauptete sie.

»Oh, aber bitte! Ich stehe auf Katzen mit einem
gesunden Appetit! Und du kannst es dir nun wirklich erlauben!« Oswaldo kratzte sich am Bauchfell.
»Ich hingegen muss mich ein bisschen zurückhal-
ten. Mein Look ist schließlich mein Kapital!«

Belinda hatte keine Ahnung, wovon er sprach,
aber es war ihr auch egal. Denn er sah sie schon wieder so an, er sah ihr direkt in die Augen. Kam immer
näher, schmiegte sich an sie und schnurrte, bevor er
demonstrativ gähnte. »Ich bin wirklich sehr müde«,
hauchte er. »Ich würde mich gern ein bisschen hin-
legen. Aber ungern allein ...«

Belinda zögerte keine Sekunde. Herzensbrecher
hin oder her, sie war im Urlaub. Und ja, verdammt,
sie war verliebt. In diese Insel, in diesen Abend und
womöglich ein bisschen in Oswaldo, der sie in ein
komfortables und gemütliches Bootshaus führte.
Unter einem aufgestellten Ruderboot lagen weiche

Decken bereit. Perfekt, dachte Belinda, einfach perfekt, und dann hörte sie für eine Weile mit dem Denken auf.

Am nächsten Morgen erwachten sie dicht anein-
andergekuschelt. Belinda blinzelte in die Morgen-
sonne, die warm durch das kleine Fenster fiel und
Lichtreflexe auf ihr rotes und sein schwarzes Fell
zauberte. Wie gut er roch! Wie warm er sich anfühl-
te da neben ihr. Als wären sie füreinander gemacht,
dachte sie, zuckte dann zusammen. Denn das ging
in eine völlig falsche Richtung. Eine kleine Urlaubs-
liebelei, erinnerte sie sich streng, ein erotisches Abenteuer, nichts weiter. Und doch war sie enttäuscht,
als er hastig aufsprang und sich hektisch das Fell
leckte. »Sorry, Süße! Ich bin spät dran, ich muss zur
Arbeit.«

Belinda ignorierte den kleinen Stich in ihrem
Herzen. »Ja, klar«, sagte sie. »Danke für die schöne
Nacht. Ich muss auch los. Meine Frau dreht bestimmt schon durch vor Sorge.« Sie erhob sich wür-
devoll.

»Nein!« Er klang aufrichtig entsetzt. »Nein, ich wollte doch nicht … ich muss wirklich zur Arbeit. Ich
kann meinen Geschäftspartner nicht einfach hän-
genlassen. Aber ich würde den Tag viel lieber mit
dir verbringen. Und du willst doch nicht ernsthaft
schon zurück! Ein bisschen kannst du wohl noch
bleiben!« Er zögerte. »Komm einfach mit«, schlug

er dann vor. »Ich glaube, der Job könnte dir Spaß machen.«

Belindas bemühter Stolz fiel umgehend in sich zusammen. Sie hatte zwar keine Ahnung, von was für einem Job er da faselte, aber die Aussicht auf einen weiteren fraulosen Tag in seiner Gesellschaft war verlockend. Willig folgte sie ihm in Richtung der Ferienhäuschen am Ortsrand. Spazierte mit ihm auf eine Terrasse, auf der Menschen saßen und frühstückten.

Oswaldo warf sich vor dem Tisch in Pose, legte den Kopf in den Nacken und maunzte herzallerliebst. Belinda tat es ihm gleich. Die Menschen lohnten es ihnen mit Entzücken und Leckereien vom Tisch. Sie streichelten vorsichtig ihre Köpfchen, kraulten sie unter dem Kinn. Oswaldo kam in Fahrt, vollführte allerhand putzige Verrenkungen und Sprünge, die bei einem erwachsenen Kater zwar ein wenig kindisch anmuteten, die Menschen aber zu Begeisterungsstürmen hinrissen. Bald war auch Belindas Ehrgeiz geweckt, und sie bemühte sich, Oswaldo in seinem infantilen Gehabe noch zu übertreffen.

Das, was er Arbeit nannte, schien im Wesentlichen darin zu bestehen, von Haus zu Haus, von Terrasse zu Terrasse zu ziehen, recht niedlich zu tun und dafür gefüttert, gekrault und bewundert zu werden. Und es machte Spaß, es machte Belinda sogar so viel Spaß, dass sie gar nicht dazu kam, sich zu fragen, was es denn nun mit diesem Geschäftspartner auf sich hatte, den Oswaldo angeblich nicht hatte enttäuschen wollen. Sie war viel zu eifrig bei der Sache, um den Schatten zu bemerken, der während der kätzischen Auftritte unbemerkt in die Häuser huschte. Sie amüsierte sich prächtig an diesem Tag. Und genoss nebenher heimlich die bewundernden Blicke, die Oswaldo ihr immer wieder zuwarf. Genau wie das Kribbeln, wenn er sich zwischendurch kurz an ihr rieb und ihr beiläufig über das Fell leckte.

Sie war in Hochstimmung, als sie am Abend zurück zum warmen Felsen schlenderten, um sich mit den guten Kräutern ein bisschen anzuregen. Verschwendete keinen Gedanken an die Frau, die es sicher noch einen oder zwei Tage ohne sie aushalten würde. Lieber konzentrierte sie sich darauf, dass sie schon wieder hungrig war, obwohl sie doch den ganzen Tag gefressen hatte.

Fast war sie enttäuscht, als sie im Restaurant vorbeischauten, wo der Mann heute allerdings nicht zu sehen war. »Keine Sorge«, tröstete Oswaldo sie. »Dann speisen wir heute halt Chez Nous.«

Die Lokalität mit dem exotischen Namen entpuppte sich als kleines Häuschen, wo der Mann am Tisch saß, auf dem allerdings kein Fisch zu entdecken war. Vielmehr lagen dort allerhand Menschensachen. Uhren und Handys, Laptops und Kameras, glänzende Halsketten und glitzernde Ringe, die der Mann zufrieden betrachtete.

»Da bist du ja, Räuber!« Er packte Oswaldo, hob ihn auf den Schoß und kraulte ihn ausgiebig. »Guck dir das an, mein Bester! Heute war wirklich ein erfolgreicher Tag!« Er küsste Oswaldo auf den Kopf. Belinda hörte ihn schnurren. Dachte an die Frau, war kurz traurig. Nicht aus Sehnsucht, sondern weil ihr einmal mehr bewusst wurde, was in ihrem Leben fehlte. Denn mochte Oswaldo noch so angeben mit seiner Unabhängigkeit, es war nicht zu übersehen, dass er diesen Mann liebte. Einen netten und guten Mann, den man leicht lieben konnte, dachte Belinda, schon bevor er seinen Blick auf sie richtete. »Und du, Schönheit, du bist wirklich ein Naturtalent!«

Belinda lief ein verzückter Schauer über den Rücken.

»Dann kümmere ich mich mal um die Belohnung für mein Dream-Team, was?« Der Mann setzte Oswaldo zurück auf den Boden und verließ die Küche.

»Er ist wirklich nett«, seufzte Belinda. »Dein Mann?«

»Geschäftspartner«, korrigierte Oswaldo. »Das ist ein rein professionelles Verhältnis«, behauptete er, lächelte dabei allerdings versonnen. Er kam ganz nah und schnurrte sanft. »Und er ist nicht halb so nett wie du, meine Schöne. Wobei nett womöglich das falsche Wort ist. Du warst heute fantastisch! Phänomenal. Ich glaube … also, ich meine … das klingt jetzt vielleicht albern …« Er kratzte sich hinter dem Ohr, tat sehr verlegen. »Ich glaube, du bist wirklich etwas ganz Besonderes. Ich habe noch nie eine Katze wie dich getroffen.«

Belindas Herz schlug Purzelbäume. Schwerenöter, erinnerte sie sich, Herzensbrecher. Ein Aufreißer, ein Angeber, ein geübter Charmeur, perfekt für eine kleine Affäre, ein Abenteuer, sonst nichts!

Aber als der Mann mit zwei fetten und saftigen Fischen zurückkehrte und sie merkte, dass sie trotz des Hungers kaum einen Bissen herunterbekam, wusste sie, dass es zu spät war.

Ihr Herz war nicht mehr in Sicherheit.

Das war nicht gut. Ganz sicher war es nicht klug. Aber sie konnte es nicht ändern. Und eigentlich wollte sie das auch gar nicht. Selbst wenn die Sache nicht gut ausgehen konnte, war sie doch entschlossen, sie bis zur letzten Sekunde zu genießen. Sie dachte nicht an die Frau, lebte einfach im Moment, und so gingen die Tage ins Land, wunderbare Tage voll ausgelassener Albernheiten und Schnurren und Schmiegen. Gar nicht zu reden von den Nächten.

Belinda war glücklich, so glücklich wie nie zuvor in ihrem Leben. Alles war gut, alles war perfekt.

Bis zu dem Tag, an dem sie sich gemeinsam durch ein halb geöffnetes Tor schlichen, das ihr vage bekannt vorkam, genau wie die Terrasse, auf die sie zuliefen. Erst im allerletzten Moment erkannte Belinda, wer da am Tisch saß. Ihr stockte der Atem. Blitzschnell bog sie ab, versteckte sich unter einem Busch. Oswaldo war irritiert, behielt aber die Nerven und begann sein Spiel ohne sie. Ein leichtes Spiel, natürlich.

»Oh, du süßer Süßer ...«, gurrte die Frau. »Was bist du denn für ein putziges Katerle!« Ihr Ton war falsch und klebrig. Sie begann, Oswaldo zu kraulen. »Ein Guter bist du, so ein Feiner! Nicht wie meine Belinda, das treulose Stück. Sie ist einfach weggelaufen. Dabei ist sie eine so dumme Katze, sie braucht mich doch so sehr!«

Sogar aus der Entfernung konnte Belinda sehen, dass sich Oswaldos Nackenfell bei diesen Worten kurz sträubte. Aber er war ein Profi, entspannte sich umgehend wieder. Tat, als würde er gar nicht hören, wie die Frau immer weiter bittere Worte in süßen Tönen flötete über die arme Belinda.

Die unter dem Busch hockte und in diesem Moment mit jeder Faser ihres Katzenkörpers spürte, wie gut es ihr seit ihrer Flucht ergangen war. Sie war nicht nur glücklich, sondern vollständig entspannt. Kein Hauch von Stress. Das lag an Oswaldo, dem Herzensbrecher, dem Schwerenöter. Der sie verlassen würde, früher oder später, für eine andere Rothaarige.

Aber es war mehr als das, begriff sie nun. Es war

auch die Insel. Die Sonne, der Duft und der Katzen-gamander am Abend. Es waren Oswaldos Mann und die anderen Katzen. Es war die Freiheit, einfach sein zu dürfen, ganz ohne Verpflichtung und schlechtes Gewissen.

Nein, sie wollte nicht zurück. Mehr noch – sie konnte nicht. Es war schlicht unmöglich, all das wie-der aufzugeben. Aus Pflichtgefühl. Überflüssigem Pflichtgefühl womöglich, denn während sie die Frau mit Oswaldo betrachtete, wurde ihr klar, dass die sich einfach eine andere Katze suchen konnte. Eine, die besser für sie war als Belinda. Eine, die ihr wo-möglich echte Gefühle und etwas mehr Dankbarkeit entgegenbringen konnte.

»Du hast bestimmt Hunger, mein Süßer«, hörte sie die Frau gurren. »Ich hab was ganz, ganz Feines für dich, das die undankbare Belinda gar nicht ver-dient hat.« Sie machte Anstalten, sich von ihrem Liegestuhl zu erheben. Oswaldo maunzte erschro-cken, zögerte aber nicht lange und sprang auf ihren Schoß.

»Oh, du dummer kleiner Kater, ich komme doch gleich wieder.« Die Frau schubste ihn zurück auf den Boden. Oswaldo gebärdete sich wie ein Derwisch, strich wild um ihre Beine, tat alles, um sie zum Stol-pern zu bringen und ihren Schritt zu verlangsamen, den sie unbeirrt in Richtung Haus lenkte. Belinda verstand nicht, was Oswaldo so aufregte, aber sie fühlte seine Not. In dem Blick, den er ihr zuwarf, bevor er mit der Frau im Haus verschwand, lag so viel Angst und Entsetzen, dass sie nicht anders konnte. Obwohl sie wusste, dass es nicht klug war, auch nur eine Pfote in dieses Haus zu setzen, schlich sie den beiden nach.

»Was machen Sie hier?«, hörte sie die Frau keifen. Da war ein Mann. Oswaldos Mann. Er stand im Wohnzimmer und starrte die Frau erschrocken an. »Ich ... also ich ...« Er brach ab, hilflos, aber als Oswaldo maunzte und sich an seine Beine schmiegte, hellte sich sein Gesicht auf. »Da bist du ja, mein Streuner!«, rief er. »Er ist ausgerissen, mein ungezogener Kater«, erklärte er der Frau. »Ich habe ihn gesucht! Er kann ein bisschen aufdringlich sein, der Gute, ich wollte nicht, dass er hier Feriengäste belästigt.« Er lächelte der Frau zu. Oswaldo und er passten gut zusammen, schoss es Belinda durch den Kopf, die hinter dem Türsturz versteckt die Szene verfolgte. Für einen Menschen war der Mann sehr attraktiv mit diesem Lächeln und dem schmelzenden Blick, dem wohl keine Frau widerstehen konnte.

Keine außer ihrer Frau, natürlich. »Ach, tatsächlich?« Ihre Stimme klang ätzend. »Und was machen Sie dann bitte mit meiner Kette?« Sie deutete auf das Geschmeide, das unübersehbar in der Hand des Mannes glitzerte. Das war keine ganz abwegige Frage, aber der schöne Mann war trotzdem nicht gut drauf vorbereitet. »Ich habe sie gefunden«, stammelte er nämlich. »Da ... drüben, also, unter der Kommode, ich habe nachgeschaut, ob er sich da verkrochen hat. Mein Kater, meine ich, aber da lag nur die Kette, und es war doch ganz staubig, und darum dachte ich, ich hebe sie lieber auf.«

»Erstens ist es nicht staubig in diesem Haus, dafür habe ich gesorgt«, versetzte die Frau. »Und zweitens stellt sich die Frage, wie diese Kette, die ich ordentlich in meinem Schmuckkoffer verwahre, wohl unter die Kommode gekommen sein soll!«

»Der Kater«, rief der Mann. »Oswaldo liebt alles, was schön ist und glänzt. Wahrscheinlich hat er sie gemopst!«

»Gemopst? Halten Sie mich für bescheuert, oder was?« Die Frau bebte vor Empörung. »Ihr Oswaldo war die ganze Zeit draußen bei mir. Sie können sich Ihre dämlichen Lügen sparen. Ich rufe jetzt die Polizei!«

»Nein, bitte, das ist ein Missverständnis!« Der Mann klang aufrichtig verzweifelt. Aber es war Oswaldos Maunzen, das Belinda in ihrem Innersten traf. Sie hörte seine Angst, eine Not, die ihr das Herz zerriss. Und ihr klarmachte, dass sie ihn retten musste. Auch, wenn sie dafür einen hohen Preis zahlen würde.

Schon war sie im Raum, maunzte laut und kläglich. Schon stand sie neben der Frau, rieb ihren Kopf an deren Bein. Hörte damit nicht auf, als die »Belinda« kreischte, viel zu schrill und doch erleichtert. »Wo warst du bloß, ich habe mir solche Sorgen gemacht!« Schon fühlte sie die falschen, aber vertrauten Hände. Und das ebenso vertraute Gefühl des Widerwillens, als die Frau sie an die Brust drückte, liebkoste und das Gesicht in ihrem Fell vergrub. So falsch, dachte sie, so schrecklich falsch. Aber das war egal. Es war zu spät. Für sie. Nicht für den Mann allerdings, in den jetzt endlich Leben kam. Er ließ die Kette fallen und rannte los, als sei der Teufel hinter ihm her, dicht gefolgt von Oswaldo.

Die Frau fluchte. »Jetzt hast du mich abgelenkt«, schimpfte sie. »Nun ist er entkommen!« Sie hielt Belinda in eisernem Griff, während sie Türen und Fenster sorgfältig verschloss. »Aber du entwischst mir nicht mehr«, verkündete sie. »Jetzt passe ich gut auf dich auf.« Wie ernst sie das meinte, verstand Belinda erst, als sie sie in der Gästetoilette einschloss. In diesem winzigen Raum mit dem Gitter vor dem Fenster, durch das sich nicht einmal eine ranke und schlanke Katze wie Belinda quetschen konnte. »Und morgen reisen wir ab«, verkündete die Frau, während sie von außen abschloss. »Keinen Tag länger bleibe ich auf dieser Insel voller Diebesgesindel und verlauster Streunerkatzen!«

Dann ging sie. Belinda hört es von oben poltern, während sie packte.

Dann kam die Nacht, es wurde still. Und kalt, eisig kalt, jedenfalls in Belindas Herzen, in dem der Kummer sich unbarmherzig Bahn brach. Sie vermisste Oswaldo so sehr, dass es körperlich schmerzte. Schlimmer aber war die Erkenntnis, dass sie tatsächlich das Glück in den Pfoten gehalten und dann wieder verloren hatte. Schluss mit Freiheit, Schluss mit Abenteuer. Mit Sonnenfelsen und Restaurantbesuchen. Schluss mit der Liebe.

Und doch bereute sie nichts. Auch, wenn es ihr das Herz brach, wollte sie keine Sekunde missen. Sie würde den Rest ihrer Tage von dem zehren, was ihr das Leben hier geschenkt hatte. Sie schloss die Augen, war schon fast eingeschlummert, als sie ihn draußen vor dem Fenster hörte. Oswaldo! Er war tatsächlich zurückgekommen.

Sie sprang aufs Fenstersims, drückte sich dicht gegen das Gitter.

»Geliebte«, rief Oswaldo. »Meine tapfere Heldin! Du hast uns gerettet!«

»Geliebter!« Belinda schluckte. »Es ist schön, dass du noch einmal gekommen bist. So kann ich dir danken. Für die wunderschöne Zeit.«

»Was soll das heißen?«

»Ich muss zurück, schon morgen. Und ich sitze hier fest!«

»Nein!«, jaulte Oswaldo. »Das geht nicht. Du darfst mich nicht verlassen. Ich liebe dich, Belinda, ich kann ohne dich nicht sein!«

»O mein Oswaldo!« Bei allem Kummer überkam Belinda bei seinen Worten ein so tiefes Glücksgefühl, dass sie kurz schnurrte. »Ich liebe dich auch. Ich werde dich nie vergessen!«

»Nein! Ich dulde das nicht!« Oswaldo schwieg kurz. »Ich hole dich da raus. Ich lasse dich nicht gehen! Verzweifle nicht, Schönste! Ich werde dich retten!« Ohne Belindas Antwort abzuwarten, rannte er hinaus in die Nacht. Ihr geliebter, wunderbarer Angeber!

Am nächsten Morgen machte die Frau keine Anstalten, sie aus ihrem Gefängnis zu lassen. Belinda hörte das Geschirr klappern, als sie frühstückte. Dann telefonierte sie, bestellte ein Taxi. »Sie müssen direkt vorfahren, wegen des Gepäcks«, ordnete sie an. »Aber achten Sie darauf, das Tor hinter sich zu schließen. Ich habe eine schrecklich widerborstige und ungezogene Katze. Darum sollten Sie auch sehr pünktlich kommen, es kann sein, dass es länger dauert, das undankbare Biest einzufangen.«

Es hätte dieser Schmähungen nicht bedurft, um Belindas Widerstandsgeist zu aktivieren. Als die Frau endlich den Schlüssel im Schloss drehte, stand sie bereit. Wie ein Blitz huschte sie in den Flur. Sie tobte und kreischte, flitzte von Ecke zu Ecke. Sie kletterte an der Tapete hoch, warf den Garderobenständer um. Ihr war klar, dass sie nicht gewinnen konnte, denn alle Türen waren fest verschlossen. Aber das hieß ja noch lange nicht, dass sie kampflos aufgeben würde. Darum schlug sie schließlich sogar mit den Krallen nach der Frau, die ihrerseits auf sie einschrie und das Klopfen an der Tür ignorierte.

Das allerdings erwies sich als Fehler, denn nun wurde die Tür von außen aufgerissen. »Was ist denn hier los?« Der Taxifahrer blickte alarmiert in den Flur. Belinda schlüpfte blitzschnell zwischen seinen Beinen hindurch nach draußen. Sie stöhnte leise auf, als sie bemerkte, dass das Tor tatsächlich fest verschlossen war.

»Warum haben Sie die Tür aufgemacht, Sie Trottel«, hörte sie die Frau keifen. »Nun ist sie entwischt!«

»Ich habe mir Sorgen gemacht. Es klang, als würde hier drin jemand ermordet, all das Poltern und Kreischen!«

»Trottel«, wiederholte die Frau. »Ich sagte doch, dass sie ein aufmüpfiges Biest ist. Jetzt müssen wir sie da draußen einfangen. Los, machen Sie schon, Sie müssen mir helfen!«

Belinda hatte sich in ihrer Panik unter dem Taxi verkrochen. Für den Moment war sie in Sicherheit. Aber nicht lange. Sie waren zu zweit. Selbst, wenn es ihr gelang, sich irgendwo zu verstecken, irgendwann würden sie sie finden.

»Geliebte«, maunzte es da leise aus einem Busch. »Komm, komm zu mir, so schnell du kannst!«

Das ließ Belinda sich natürlich nicht zweimal sagen. Auch, wenn sie durchaus Zweifel daran hatte, dass Oswaldo sie retten konnte, war der Gedanke, ihn wenigstens noch einmal zu sehen, zu riechen und zu spüren, wunderbar. Wie ein roter Blitz schoss sie los.

»Da«, kreischte die Frau. »Da ist sie. Los, los doch …« Sie schubste den Taxifahrer unsanft in Richtung des Busches, unter dem Oswaldo auf Belinda wartete. Nicht nur Oswaldo allerdings, und Belinda verstand nicht, warum er ausgerechnet sie mitgebracht hatte, die rote Elena, das miese Stück, das doch angeblich zu alt war für Erotik und Romantik. Elena, der Oswaldo nun einen freundlichen Schubs gab. »Los, Alte«, maunzte er. »Viel Glück! Und danke!«

»Ich habe zu danken.« Elena strahlte. »Dir vor allem, Belinda!« Dann rannte sie los. Direkt auf die Frau zu, die mit der Kiste wartete, sich eilig bückte. Die sich nicht einmal zu wundern schien, dass die Katze so willig hineinschlüpfte. Sie schlug die kleine Gittertür zu. »Hab ich dich! Gute Güte, ich glaube, Urlaub bekommt dir überhaupt nicht! Das ist ja gerade noch mal gut gegangen!« Sie sah den Taxifahrer strafend an. »Dann können Sie sich jetzt wohl endlich um mein Gepäck kümmern!«

Belinda hörte den Taxifahrer seufzen. Dann startete der Motor. Und weg waren sie.

Und sie war hier, saß da mit Oswaldo neben dem Gartentor, das nun sperrangelweit offen stand.

»Sie war so dankbar«, schnurrte Oswaldo. »Elena ist wirklich zu alt für die Insel. Sie freut sich auf ihr neues Leben. Und ich ... ich freue mich, weil jetzt mein Leben mit dir beginnt!«

Belinda schnurrte. Mehr brachte sie nicht zustande. Sie schnurrte einfach vor sich hin, während sie neben Oswaldo zum Strand schlenderte. Schnurrte, als sie dort saßen und in den Himmel schauten. Und schnurrte, als das Flugzeug auftauchte.

»Mach's gut, Elena«, murmelte Oswaldo.

»Mach's gut, Frau«, murmelte Belinda.

Und beide schnurrten, bis das Flugzeug am Horizont verschwunden war.

Ellen Dunne

Meet the Locals

So langsam reichte es Karl. Seit seine Zweibeiner sich dazu entschlossen hatten, ihn zur Abenteuerkatze umzuerziehen, kam er kaum noch zur Ruhe.

Mit dem Hundepullunder hatte es begonnen. Den zogen die anderen Zweibeiner draußen immer ihren Gefährten an. Karl hatte das schon lange beobachtet, von seinem Lieblingsplatz, auf der höchsten Ebene seines Kratzbaumes, gleich am Fenster. Mit dem Pullunder endete es natürlich nie. Dann hakten die Zweibeiner noch eine Leine daran und zerrten ihre Gefährten mal hierhin, mal dorthin, oder sie blieben stehen, um mit anderen Zweibeinern zu schwadronieren, während ihre Begleiter herumstanden und warten mussten, anstatt ihren eigentlichen Interessen nachgehen zu können. Dass sich diese so gegängelten Opfer dann sogar noch glücklich zu schätzen schienen und dankbar zu ihren Zweibeinern aufsahen – geschenkt. Trotzdem hatte Karl sie irgendwie bedauert. Von wegen, große Freiheit. Sein Revier mochte vielleicht klein sein, aber zumindest bestimmte *er*, in welche Richtung er lief. Und auch das Gitternetz, das seine überbesorgten Zweibeiner um den Balkon gespannt hatten, hatte ihn nie daran gehindert, sich vor der Vogelwelt da draußen Respekt zu verschaffen.

Bis vor einigen Monaten. Da hatten ihn seine eigenen Zweibeiner mit einem Hundepullunder überrascht. Kariert in Rot und Grün. Das passe so gut zu seinem samtigen Schwarz, behaupteten sie. Trotz schärfster Proteste hatten sie ihm das Teil übergezogen. Waren ganz begeistert von ihrer Schnapsidee. Die hatten sie, so vermutete Karl, mal wieder aus diesen kleinen flachen Flimmerkisten, in die sie tagein, tagaus starrten. Kaum hoben sie ihren Kopf wieder, waren ihre Blicke leer und die Köpfe voller Flausen.

Und Karl musste die dann ausbaden. Denn der karierte Pullunder war erst der Anfang gewesen. Danach waren die Leine gekommen und noch ein Pullunder in Himmelblau, und irgendwann später hatten sie Karl dazu gedrängt, mit ihnen nach draußen zu gehen. Seine liebgewonnenen Routinen? Futsch! Jetzt musste er jeden Tag mindestens einmal hinaus in die »große Freiheit« und sich sein Revier von außen ansehen. Seine Zweibeiner konnten von Glück sagen, dass er ihnen wohlgesinnt war und den Blödsinn mitmachte. Aber solange sie ihn davor, währenddessen und danach mit gefriergetrocknetem Thunfisch besänftigten, wollte er mal nicht so sein.

Jetzt gingen sie aber wirklich zu weit. Hatten ihn zuerst in eine Art fahrbares Kleinstrevier gepackt und nach tagelangem Gondeln durch fremde Landschaften, die Karl vor allem zurückgezogen in dem ebenfalls fahrenden Bett verbracht hatte, waren sie im Bauch eines schwankenden Ungetüms gelandet, das auf dem Meer lebte, und – so vermutete er – auch vom Meer. Seit Stunden fraß es sich durch das Wasser, während es aus dem Bauch des Ungetüms fortwährend bedrohlich grollte. Kein Wunder bei all dem Wasser, das es vertilgte.

Das Ungetüm brachte sie alle an einen Ort namens Irland, hatten ihm seine Zweibeiner erklärt. Mehr als ein Ort eigentlich. Eine Insel. Keine Ahnung, was seine Zweibeiner da wollten und warum Karl mit dabei sein musste. Aber angeblich würde er es lieben. Die Landschaft – ein Traum, so schwärmten sie. Überall grüne Hügel und auf diesen Hügeln Schafe und dann noch die schöne Musik und die vielen Pubs, in denen man die Einheimischen treffen konnte. Überhaupt – die Einheimischen. Die waren überall auf der Welt berühmt, weil sie so nett waren und so freundlich, so hilfsbereit und tierlieb.

Du wirst begeistert sein!, meinten sie immer, wann immer Karl nicht begeistert war.

Du wirst begeistert sein!, meinten sie auch jetzt, als sie ihn nach endlosen Stunden auf dem Meer aus

184

dem Bauch des Ungetüms auf den Schultern des Zweibeiners nach draußen in die frische Luft trugen.

Habt ihr schon mal erwähnt, brummte Karl, aber wann hörten seine Zweibeiner denn jemals auf ihn?

Andererseits musste er zugeben – inzwischen gefiel es ihm gar nicht mal so schlecht. Der Gegenwind hatte sich gelegt. Das Grollen des Ungetüms hatte sich zu einem lauten Schnurren beruhigt. Gemächlich pflügte es durch das Wasser.

Sie standen an der Reling, umgeben von anderen Zweibeinern in jeder Größe, und schauten zum Horizont, wo angeblich jederzeit dieses Irland auftauchen konnte. Der Tag ging zu Ende, die Sonne versank langsam hinter ein paar Wolken, die sich zwischen Meer und Himmel auftürmten. Bald würde das Zwielicht hereinbrechen. Karls Lieblingszeit.

Außerdem roch es überall so anregend. Nach Salz und Algen und den vielen Fischen, die Karl unter der Meeresoberfläche vermutete. Vielleicht war dieses Irland gar nicht so schlecht.

Auch seine Zweibeiner schienen zufrieden. Vor allem mit sich selbst. Grinsten durch die Gegend, luden jeden kleinen Zweibeiner, der begeistert auf Karl zeigte, ein, ihn doch einmal näher kennenzulernen, und behaupteten, dass Karl sich gern hinter den Ohren kraulen ließe. Seine Zweibeiner konnten wirklich von Glück reden, dass er so geduldig mit ih-

nen war. Als Belohnung gab es eine Dose Krabbencocktail. Nicht schlecht. Um sie herum wurden Sand-
wiches ausgewickelt, Getränke in großen Gläsern
herbeigeschafft. Auch Karls Zweibeiner holten von
irgendwoher zwei große Pappschälchen mit frittiertem Fisch und Kartoffelschnitzen, über die sie
schrecklich sauer riechende Flüssigkeit träufelten.

*Um unser Abenteuer in Irland angemessen einzu-
läuten,* sagte sein Zweibeiner und lachte. Was auch
immer das bedeutete. Karl sollte es recht sein. Mit
Krabbencocktail zwischen den Kiemen war ihm alles recht.

Erst als er von seiner Dose aufsah, bemerkte er,
dass er beobachtet wurde:

Eine Möwe. Aus heiterem Himmel war sie auf-
getaucht und saß nur ein paar Meter entfernt von
ihm auf der Reling. Ihre Rückenfedern plusterten
sich im Fahrtwind.

Seine Zweibeiner schienen sich zu freuen, den Vogel zu sehen.

*Die erste Einheimische, haha! Bald ist Land in Sicht,
und dann dauert es nicht mehr lange, und wir haben
wieder festen Boden unter den Pfoten, Karl. Jetzt guck
nicht so unbeeindruckt. Schau, wie neugierig der Vogel
ist,* lachten sie zwischen zwei Bissen Fisch. *Macht
doch mal Bekanntschaft, beschnuppert euch ein bisschen, das wird ein richtig cooles Video, das geht garantiert viral. Jetzt sei doch nicht so, Karl.*

Karl war aber so.

Nicht so naiv wie seine Zweibeiner. Von wegen neugierig. Dieser Vogel war verschlagen. Außerdem eine richtige Schlägertype. Provokant starrte die Möwe von ihrem Platz herüber.

So als wüsste sie, dass man mit Karl zu rechnen hatte. Wie vielen ihrer kleineren, nervöseren Artgenossen er schon einmal ans Gefieder wollte, hätte er nur die Gelegenheit dazu gehabt. Respekt schien die Möwe trotzdem keinen zu haben.

Stattdessen vertrieb sie einen zweiten ihrer Spießgesellen, der Anstalten machte, sich neben ihr niederzulassen, mit schrillen Unflätigkeiten.

Karls Zweibeiner kicherten. Ahnungslos, so wie immer. Es war Karl schleierhaft, wie sie so lange hatten überleben können in ihrer Naivität.

Die Möwe neigte den Kopf, trippelte zwei kleine Schritte näher an Karl und seine Zweibeiner heran.

»Netter Aufzug«, quäkte sie und meinte damit ihn. Oder besser, den Hundepullunder, den er trug. Darauf hatten seine Zweibeiner bestanden, wann immer er sich außerhalb des fahrbaren Reviers bewegte, damit er nicht irgendwo in dem Ungetüm verloren ging, oder gar über Bord. Das aktuelle Modell war grün mit einer Fliege daran. Unwürdig, so was, kein Wunder, dass er damit dem Spott der gesamten Tierwelt ausgesetzt war.

Am liebsten hätte Karl dieser Wegelagerin sofort

Manieren beigebracht. Aber da war leider noch die Leine, an deren anderem Ende die Zweibeinerin hing. Karls Radius reichte nicht aus, um an die Reling zu gelangen. Es blieben ihm also nur leere Drohungen, über die sich die Möwe wie erwartet lautstark amüsierte. Keine Ahnung, was seine Zweibeiner an diesem fliegenden Rüpel fanden.

Schon kramte die Zweibeinerin in ihrer Schultertasche, die zwischen ihnen auf der Sitzbank stand. Sie suchte garantiert nach der flachen Flimmerbox. Das hatte ihm noch gefehlt. Die kam grundsätzlich immer dann raus, wenn er sich in irgendwelchen kompromittierenden Situationen befand.

Komm, Karl, von euch beiden brauche ich unbedingt ein Foto, grinste sie und stellte ihr Pappschälchen mit dem Fisch und den Kartoffelschnitzen neben sich ab, während der Zweibeiner fasziniert zuschaute. *Dein empörtes Gesicht und dieser komische Vogel, das ist einfach zu süß.*

Dieser Vogel war nicht komisch, versuchte Karl ihr zu vermitteln, der führte nichts Gutes im Schilde.

Aber da nahm das Unheil schon seinen Lauf.

Kaum zog die Zweibeinerin die Flimmerbox aus ihrer Tasche und hielt sie in die Richtung von Karl, stieß die Möwe ein erfreutes Fiepen aus. Sie schwang sich von der Reling und schnappte sich mit einem gezielten Schnabelhieb die Papierschale mit dem Frühstück von Karls Zweibeinerin.

Karl zögerte keine Sekunde – kam aus seiner Lauerpose und sprang der Flüchtigen hinterher. Für seine Zweibeinerin, für seine Würde und aus Prinzip.

Er machte mehrere Sätze auf den Vogel zu, dann war plötzlich Schluss. Mit der Leine und mit der Verfolgungsjagd. Zurück blieb Karl, mit einem Maul voll silbergrauer, gewachster Federn. Pfui, pfuä! Sie schmeckten wie seine eigenen Zehennägel, nur total versalzen.

Die Möwe stieß einen schrillen Fluch aus und geriet ins Trudeln, Kartoffelschnitze flogen in alle Richtungen. Sie kamen aber nie am Boden an. Denn wie aus dem Nichts tauchte eine ganze Horde von Komplizinnen der Möwe auf und stürzte sich lautstark streitend auf das ehemalige Frühstück der Zweibeinerin, zerrissen es buchstäblich in der Luft. Eine war sogar frech genug, auch noch den Rest von frittiertem Fisch aus dem Schälchen des Zweibeiners zu schnappen, der das Spektakel mit offenem Mund beobachtet hatte. Innerhalb von Sekunden war alles in zahlreichen Möwenmägen verschwunden, während die anderen Zweibeiner bloß herumstanden und nutzlos kreischten und ihre kleinen Zweibeiner quietschten und glucksten.

Karls Widersacherin hatte sich in dem Tohuwabohu wieder gefangen und flog taumelnd in den Horizont. Und siehe da – Land in Sicht!

Da vorn erhoben sich wirklich erste Hügel und

Felsen aus dem Meer. So sanft und grün, wie sie Karl noch nie zuvor gesehen hatte. Genau so wie die Zweibeiner sie ihm beschrieben hatten.

Wir sehen uns, ihr Loser, kreischte die einheimische Möwe von Ferne. Zu Karls großer Genugtuung verlor sie dank ihrer Frechheit noch ein letztes Stück ihres Diebesguts ans Meer. *Willkommen in Irland!*

#RobertandJoy

»*Come on, Joy*«, sagte Robert. »*It's showtime!*« Er zog mir das Brustgeschirr über den Kopf und verhaspelte dann wie immer ungeschickt die Riemen mit meinen Vorderbeinchen. »Jetzt stell dich doch nicht so an, Joy, sapperment! Wir haben es eilig!« Er wurstelte an mir herum, stopfte die Beine mal hierhin, mal dorthin, ruckte die Riemen vor und zurück. Endlich war der Verschluss des Geschirrs eingeklickt und der Leinenkarabiner daran festgemacht. Robert hockte sich auf den Boden, damit ich auf seine Schultern springen konnte. Sobald ich eine halbwegs stabile Position gefunden hatte, richtete er sich wieder auf und holte die Leine nach vorne, sodass sie auf seine Brust baumelte und gegebenenfalls schnell ergriffen werden konnte. Dann verließen wir den Bungalow und machten uns auf den Weg zum Amphitheater des Resorts.

Schon auf den Kiespfaden, die durch einen üppig begrünten Park mit privaten Pools und öffentlichen Lotosteichen führten, erregten wir die erwartete Aufmerksamkeit. Oder eigentlich erregte ich Aufmerksamkeit, die ich auf Roberts Schultern balancierte und dabei Ausschau nach Vögeln und Echsen hielt. Robert allein hätte wohl kaum Rufe der Begeisterung ausgelöst, schon gar nicht von Kindern. »*Maman, maman, regarde! Quel chat adorable*!« Robert ohne Joy war einfach nur ein Mann wie viele andere, Robert mit Joy war ein Magnet. Bald waren wir von Hotelgästen umringt, die uns folgten und mir »Kitty kitty!«, »Miez miez!«, »Chh-chh-chh« oder »Ps-ps-ps!« zuriefen. Natürlich ignorierte ich das, denn hätte ich auf alle diese Rufe mit Hinschauen reagiert, wäre mein Kopf wie irre hin- und hergezuckt, und ich hätte das Gleichgewicht verloren. Ich habe nie verstanden, wie sich die Menschen das eigentlich vorstellten.

Im Zentrum des Amphitheaters wartete schon das mit vielen Satteltaschen ausgestattete Fahrrad, mit dem Robert und ich um die Welt fuhren. Es war mit Blumen geschmückt, dahinter stand ein Banner mit unserem Foto und der Aufforderung »*Follow us on YouTube and Instagram*!«, daneben ein Tisch mit Stapeln des Buches, das Robert über uns geschrieben hatte und das den Titel »#RobertandJoy« trug. Der Entertainment Manager des Hotels griff zum Mikrophon und stellte uns vor, das Publikum klatschte und jubelte. Robert hatte sein eigenes Mikrophon und beantwortete launig Fragen, alle lachten, Robert schäkerte mit mir und hielt mir das Gesicht hin, ich rieb meinen Kopf an seiner Wange, was Laute des Entzückens auslöste. Ooooohhhh! Jö! Hach! Awwww!

Die ganze Zeit über war schon fotografiert worden, aber nun wurde offiziell dazu eingeladen. Robert setzte sich auf das Fahrrad, die Leute gingen mit ihren Handys um uns herum und machten Fotos von und mit uns. Wenn jemand fragte, weshalb ich eine Leine trug, wo ich doch ohnehin so brav auf Roberts Schultern sitzen blieb, antwortete er mehr oder weniger wahrheitsgemäß, es sei zu meiner eigenen Sicherheit, ich könnte mich erschrecken, weglaufen, mich verirren, unter ein Auto geraten, einem Raubtier zum Opfer fallen. Tatsächlich wäre ich ohne die Fessel natürlich nie und nimmer so lange auf diesem schwankenden Untergrund geblieben. Ich wäre hinuntergesprungen, wann es mir gepasst hätte, und wenn mir »Showtime« nicht mehr gepasst hätte, hätte ich mich versteckt. So aber wartete ich, bis alles vorbei war, mein schaukelndes Boot mich zurück zum Bungalow brachte und ich den Teller mit Riesengarnelen bekam, den die Hotelküche dankenswerterweise für mich vorbereitet hatte. Später dann sonnte sich Robert mit einer argentinischen Katzenliebhaberin an seinem privaten Pool, und ich konnte endlich auf Echsenjagd gehen. Leider genossen wir diesen Luxus nur für zwei Nächte, mehr Entertainment-Wert hatten wir nicht.

Joy hatte mich Robert genannt, da er von Anfang an eine internationale Karriere für mich vorgesehen hatte. Er hatte mich in einem leerstehenden Schweinekoben des Pichlerbauern in Oberhörsching entdeckt. Ich war damals erst ein paar Wochen alt gewesen, meine Augen brannten und waren verklebt, und plötzlich fand ich mich ohne Mutter und Geschwister in einem hölzernen Verschlag wieder, aus dem es kein Entkommen gab. Dort lag ich auf einer Handvoll Stroh und versuchte, an nichts zu denken und nichts zu wollen. Ich weiß noch, wie mich ein lautes »Tz-tz-tz! Mutzimutzimutzi!« aus der Lethargie riss und ich nach oben in Roberts Gesicht blickte. Wenig später kam er herein und hob mich auf. Nicht nur der Schweinekoben, der ganze Bauernhof war von da an Geschichte für mich.

Anscheinend hatte man mich wegen der Augenentzündung von meiner Familie getrennt, ich hätte die anderen Katzen anstecken können, und man brauchte sie ja für die Touristen. Es wurden permanent Babykatzen produziert für die auf dem Bauernhof Urlaubenden und deren Kinder, ein möglichst frischer Wurf steigerte den Erholungswert und gab gute Ratings auf Tripadvisor. Waren die Kätzchen dann zu groß und nicht mehr niedlich genug, kam der Jäger, erschoss und vergrub sie im Wald. Ich aber war auch mit ein paar Wochen ganz und gar nicht niedlich, sondern einfach nur eklig mit meinen eiterverklebten Augen, sodass ein rasches Ende für mich vorgesehen war. Ach, das Schicksal! Wäre ich nicht so elend gewesen, hätte Robert mich nicht bemerkt, und ich hätte nach ein paar glücklichen Monaten den Katzenfriedhof im Wald mitbestückt. Aufmerksamkeit ist alles!

Robert war so begeistert von meinem erbärmlichen Aussehen, dass er es sofort filmisch verwerten wollte. Nachdem ihm die Pichlerbäuerin noch 80 Euro für mich abgeluchst hatte, setzte er mich samt Eiter und Schweinedreck in die Lenkertasche seines Fahrrads, in der normalerweise die Jausenbrote, Äpfel und Müsliriegel lagen, die er während der Fahrt verzehrte. Es begann fürchterlich zu wackeln, über mir flackerten Lichter und Schatten, der Wind brauste, ich wurde von einem Eck der Tasche in das andere geschleudert. Mit letzter Kraft begann ich zu maunzen. Ich hatte Hunger. Ich wollte endlich wieder Ruhe, Geschwisterwärme und Muttermilch.

In der öden Steinwüste einer Klamm hielt Robert an und holte mich aus der Tasche. Er kletterte mit mir über die Felsen und setzte mich schließlich ab. Dann ging er etliche Schritte zurück, richtete das Handy auf mich und rief: »Mutzimutzimutzi! Kommkommkomm!« Über Schotter, Schlamm und Treibholz torkelte ich laut maunzend auf ihn zu. Jedes Mal, wenn ich ihn erreicht hatte, trug er mich wieder zurück, und das Ganze begann von vorn. »Nur ein Take noch, gleich hast du es geschafft!« Nach dem dritten Mal hatte ich genug und blieb einfach sitzen. Robert sichtete sein Material und meinte: »Na gut. Belassen wir es dabei.« Dann brachte er mich endlich zum Tierarzt.

Die Klammszene bildete später den Gründungsmythos von #RobertandJoy. »Ich machte gerade Rast in der Bergeinsamkeit, als ich zwischen dem Rauschen des Wildbaches und dem der Blätter etwas heraushörte, was gar nicht hierher zu gehören schien: ein jämmerliches Gewimmer. Was war das? Ein Kind? Ein Tier? Ein Tierkind? Ich kletterte zwischen den Felsen auf und ab und versuchte, die Laute zu lokalisieren. Und plötzlich sah ich es, grau zwischen grauem Geröll: ein winziges Tigerkätzchen mit verfilztem Fell. Ich rief es gleich an, und vertrauensvoll kam es auf mich zugelaufen. Wie war es nur hierhergekommen, viele Kilometer von jeder Straße und menschlichen Behausung entfernt? Es musste von jemandem ausgesetzt worden sein, der entschlossen war, dass es umkommen sollte. Ich hob das Katzchen auf und gab ihm den Namen Joy. Freude war es, was wir beide empfanden, als wir einander zum ersten Mal sahen.« So beschrieb Robert es in seinem Buch, mit kürzerem Text konnte man die Aufnahmen auf seinem YouTube-Blog ansehen. »Ich befand mich mitten in den Vorbereitungen zu meiner lang geplanten Weltreise mit dem Fahrrad, als Joy in mein Leben trat. Was sollte ich mit ihr anfangen? Sie irgendwo abzugeben, brachte ich nicht übers Herz. Mir blieb nur eines übrig: Ich musste sie mitnehmen.«

Von da an wurde ich von vielen Menschen beneidet. Die ganze Welt könne ich sehen, immer bei meinem Herrchen sein, reisen, reisen, welche andere Katze habe schon die Möglichkeit dazu? Von Katzen wurde ich nicht beneidet. Wenn ich auf Artgenossen traf und sie fragte, ob sie denn auch reisten, waren sie erstaunt. Nur wenn man sie von einem Haushalt in einen anderen brachte. Oder zum Tierarzt. Oder ins Tierheim. Oder irgendwohin, wo man sie aussetzen konnte. Selten kam vom Transportiertwerden etwas Gutes, meinten sie. Am besten, man versteckte sich sofort, wenn jemand mit der Transportbox erschien.

Jeden Raum, jedes Gelände muss man erst einmal mit dem eigenen Duft bestreichen. Grasbüschel um Grasbüschel, Türpfosten um Türpfosten. Im Freien darf man auch noch Urin- und Kotmarkierungen setzen. Dann ist man in diesem Revier präsent und kann es als das eigene erkennen. Man fühlt sich wohl dort, man bleibt, man hat nicht das geringste Interesse, Hunderte Kilometer weitertransportiert zu werden und dort von null anzufangen. Geschweige denn, eine Gegend auf der anderen Seite des Globus zu durchschreiten. Wenn wir ausnahmsweise einmal länger an einem Ort blieben, zeigten mir Katzen ihre Reviere. Ich wollte auch ein Revier haben, einen vertrauten, zuverlässigen Ort, den man Tag für Tag wiederfand und dahingehend inspizieren konnte, ob sich etwas verändert hatte. Wir dagegen lebten in einem solchen Sturm der Veränderung, dass wir uns nur aneinander festklammern konnten. Ständig neue Menschen, Katzen, Vögel, Hunde, Tiere, die ich noch nie gesehen hatte, neue Wetterbedingungen, Landschaften, Autos, Flugzeuge, Schiffe, Häuser, Zimmer, Lärm, Gerüche, Speisen, streichelnde Hände, immer neue streichelnde Hände – vertraut waren mir nur Robert und das Rad. Einen guten Teil meiner Zeit war mir die selbstständige Bewegung versagt. Ich saß in der Lenkertasche und wurde transportiert, saß auf Roberts Schultern und wurde getragen, saß im Transportbehälter im dröhnenden Frachtraum eines Flugzeugs und wartete, bis ich an einem neuen Ort weiterbefördert wurde. Wenn ich selber gehen durfte, war es immer in fremden Umgebungen, und sobald ich mich zurechtgefunden hatte, fuhren wir wieder fort. Kaum jemals hatte ich Zeit, die Sitten der lokalen Ratten kennenzulernen, die besten Stellen, um im Regen Schutz zu finden, die Lauerplätze, Jagdplätze, Kletterplätze und Aussichtspunkte, die Kater der Umgebung, die Menschen, bei denen man vorbeikommen kann, aber nicht bleiben muss.

Trotzdem lief ich nicht davon. Man hängt ja auch an dem Leben, das man kennt, an den Gewohnheiten, die das Unstete strukturieren, ich hing an Robert, sogar an dem Fahrrad und seiner Lenkertasche hing ich. Robert war in vielen Belangen ein vorbildlicher Katzenmensch. Zum einen sorgte er für wirklich gute Nahrung. »Das ist das Mindeste, was ich für dich tun kann«, pflegte er zu sagen, »das hast du dir verdient.« Das sah ich ganz genauso. Edle Schälchen, feine Döschen, frisch geschabtes Hühnerfilet, Fisch und Meeresfrüchte zu den Hauptmahlzeiten, knusprige Snacks und saftige Leckerlis für zwischendurch, ab und an etwas Schinken vom Frühstücksbuffet. Zum anderen durfte ich immer bei ihm schlafen, im Bett, wenn wir in Hotelzimmern oder bei spontanen Gastgebern nächtigten, im Schlafsack, wenn wir auf dem Campingplatz oder in der Wildnis unser Zelt aufschlugen. Bei Damenbesuch musste die betreffende Dame sich damit abfinden, dass ich mich früher oder später an Roberts Hals einkuschelte. Wurde ich vor dem Morgengrauen hungrig, riss ich ihn durch heftiges Gesichtabschlecken aus dem Schlaf, um ihn auf meine Notlage aufmerksam zu machen. Er stand jedes Mal unverzüglich auf und füllte meinen Napf.

In meiner Kinderzeit hatte Robert rasch eingesehen, dass er seinen Plan, mir die Benutzung der Menschentoilette beizubringen, vergessen konnte, auch wenn er mir YouTube-Videos von angeblich hochintelligenten Katzen zeigte, die sich dieser Akrobatik unterwarfen. So führte er mein Kistchen immer mit, und ich war dafür bei der Einstreu tolerant. Was gerade zu bekommen war, war mir mehr oder weniger recht, wobei ich feinen Strandsand präferierte. Robert verteidigte mich auch vor den Streichlern. Es kam vor, dass sich ganze Trauben von Personen auf mich stürzten, um mir die vermeintliche Wohltat des Streichelns zuteilwerden zu lassen, da schritt er ein. Bei öffentlichen Präsentationen wählte er maximal zwei möglichst wenig fahrig wirkende Kinder aus, die mich streicheln durften, und auch das nur kurz. Natürlich hatte ich ihm diese Rücksichtnahme erst beibringen müssen. In unseren Anfängen gab es einmal eine Übernachtungsgästin, die nicht und nicht von mir ablassen wollte. Sie hob mich hoch, drückte mich an sich, küsste mich ab, knetete mich regelrecht durch und sagte dazu: »*Oh you like that, don't you? You really, really like that!*« Erst biss ich die Zähne zusammen, doch irgendwann sah ich ihr ins Gesicht und fauchte ihr meine unmissverständliche Meinung entgegen. Sie wollte dennoch nicht verstehen und massierte weiter meine Ohren. Da hieb ich ihr meine Pranke ins Gesicht. Mit einem Schrei ließ sie mich fallen. »*Oh my God!*

I'm bleeding! I'm gonna have a scar right in the middle of my face!« Robert eilte herbei, musste verarzten und trösten. Von da an hatte er verstanden: Streichelorgien waren schlecht für die Liebe und schlecht fürs Geschäft.

Der Hauptgrund, weshalb ich bei Robert blieb, war, dass er mich brauchte. Er tat mir leid. Was würde er ohne mich anfangen? Ein Robert, der ohne Joy mit dem Fahrrad um die Welt fuhr, war nur einer von unzähligen Roberts und Toms und Harrys, die um eine Welt fuhren, die ohnehin schon millionenfach umfahren worden war. Ich war seine Heimat. Wenn er ins Hotelzimmer zurückkam, konnte ich sehen, wie glücklich er war, mich auf dem Kopfkissen vorzufinden. »Du kleine Mutzimutzimutzi«, sagte er dann, »wenn ich dich nicht hätte!« Waren wir an einem Ort, wo er mich frei laufen ließ, kam es vor, dass ich den ganzen Tag ausblieb. Wenn man sich schon einmal die Beine vertreten, Katzenbekanntschaften machen und jagen konnte, musste man das ausnützen. Kam ich dann zurück, hörte ich Robert schon »Mutzimutzimutzi!« rufen. Er war jedes Mal sehr erleichtert, dass ich mich nicht verirrt hatte, dass mir nichts geschehen war, dass er nicht ohne mich einschlafen musste.

Ja, ich musste viel posieren und mich schauspielerisch bewähren. Auf einer Klippe sitzend auf Meer und Sonnenuntergang hinausschauen. Auf einem

Balkongeländer balancierend auf eine goldbekuppelte Stadt hinunterschauen. Ich wurde auf Astgabeln gehoben, um dort panthergleich auf und ab zu spazieren, saß aber nur verkrampft fest, und auch Geschirr und Leine sprachen der Vorgabe Hohn. Ich fuhr auf Segelbooten und im Kajak, schaukelte in der Hängematte, guckte aus einem Rucksack auf Roberts Rücken heraus und trug dabei kleine Goggles gegen den Fahrtwind. Ich geriet fast einem Elefanten unter die Füße, lief Tempeltreppen hinauf und hinunter, kletterte auf heilige Statuen und stritt mich oben mit Affen um den besten Platz, holte mir im Tropensturm eine Lungenentzündung, deren verschiedene Stadien des Jammers genauestens dokumentiert wurden (es mussten Spenden für den Tierarzt lukriert werden). Einmal sollte ich im seichten Wasser mit einem Oktopus kämpfen, was weder diesem noch mir ein Anliegen war. Ständig war das Handy auf mich gerichtet, manchmal ein ganzes Handymeer.

Nach zweieinhalb Jahren brauchte ich Urlaub vom Reisen. Die Sehnsucht nach einem Ort der Stille, Stabilität und Selbstbestimmtheit schlich sich mehr und mehr ein. Dennoch hätte ich Robert wohl nie verlassen, #RobertandJoy niemals auseinandergerissen, wenn ich nicht ihm begegnet wäre: dem merkwürdigen Kater.

Es war auf einer vergleichsweise ruhigen Etappe unserer endlosen Reise. Robert hatte Sehnsucht nach Europa bekommen, und so radelten wir auf holprigen Bergstraßen durch slowenische Wälder, wo es kaum menschliche Ansiedlungen gab, dafür aber Bäume, Bäche, Moos, Farne, Felsen und Himmel. Wir schliefen im Zelt, kochten am Lagerfeuer, blieben schließlich einige Wochen an ein und demselben einsamen Ort. Es duftete nach Pilzen und Laub, nach Bären und Wölfen. Ich fing Schmetterlinge, die ich seit jeher gerne verzehrte. Ich jagte Wühlmäuse, Waldmäuse, Erdmäuse, ich begann, mich an den Geschmack des Waldes zu gewöhnen. Und dann eines Nachmittags, als ich am Waldrand entlangspazierte, sah ich ihn unter den Bäumen: den merkwürdigen Kater. Inmitten von Schatten, Wurzeln, abgebrochenen Zweigen, grünen Blattbüscheln und braunem Laub war er mit seiner verwaschenen Tigerzeichnung hervorragend getarnt. Er fixierte mich mit hellgrünen Augen. Als ich mich näherte, sah ich, dass er einen eigenartigen Schwanz hatte, kurz, keulenförmig, mit einem stumpfen Ende, ganz anders als die schlanken, spitz zulaufenden Schwänze gewöhnlicher Katzen. Er war mit drei kohlschwarzen Ringen gezeichnet, die Spitze war ebenfalls schwarz. Das Fell des Fremden war dicht, der Körperbau stämmig. Über die Länge seines Rückens verlief ein schwarzer Streifen. Und er roch ganz eigentümlich, wie der

Wald selbst. Ein bisschen nach Harz und Wacholder.

»Halt«, raunte er plötzlich, »nicht näher kommen.«
Ich blieb stehen. »Wieso nicht?«

»Weil mir niemand nahekommt. Ich ertrage keine Nähe.« Er hatte einen Akzent, wie ich ihn noch nie gehört hatte, hart und rau, aber auch ein bisschen gehaucht, wie jemand, der sich nur selten und zögerlich artikuliert.

»Aber wie streicheln dich dann die Menschen?«, fragte ich.

»Mich streicheln keine Menschen. Das wäre ja nicht auszuhalten. Ich kann es kaum mit ansehen, wie du dich von deinem Freund da berühren und massieren lässt. Es schaudert einen.«

Ich dachte nach. Ich hatte viele freilebende Straßenkatzen gekannt. Manche waren scheu und ließen sich nicht anfassen. Trotzdem war dieser Kater hier anders, waldläufiger, man konnte ihn sich nicht in der Nähe einer menschlichen Ansiedlung vorstellen. Er war einer von denen, die wie Schatten in der Wildnis lebten, versteckt und geheim, dem Menschen ein Urwaldrätsel, das ihm als Geisterbild in Fotofallen erschien.

»Du bist nicht verwildert?«, fragte ich.

»Nein, ich bin wild. Wir sind nicht wie ihr. Wir können niemals gezähmt werden.«

In diesem Moment erklang Roberts Stimme aus

der Ferne: »Mutzimutzimutzi, wo bist du? Ich hab was Gutes für dich!« Ich blickte in Richtung der Stimme, dann wieder in Richtung des Fremden, und er war weg. Vollkommen lautlos hatte er sich entfernt.

Von nun an sahen wir uns öfter. Der Fremde zeigte mir seine Jagdtechniken und wie er überschüssige Beute für später unter dem Laub versteckte. Er zeigte mir gemütliche Schlaf- und Lagerplätze in hohlen Bäumen, wo das morsche Holz einen weichen Untergrund bot, heimelige Felsspalten und einen verlassenen Dachsbau. Stets in gebührendem Abstand voneinander unterhielten wir uns.

»Aber mit deiner Mutter und deinen Geschwistern hast du schon gekuschelt, als du klein warst?«, fragte ich.

»Natürlich. Es wäre ja sonst auch zu kalt gewesen. Wenn man klein ist, kann man sich noch nicht selbst wärmen.«

»Und wie bekommt ihr Babys, wenn ihr so einsam lebt?«

»Im Frühjahr treffen wir uns. Kurz. Dann gehen wir wieder auseinander.«

»Beobachtest du uns schon lange?«

»Seit eurer Ankunft. Ich hoffe, dein Freund bleibt nicht ewig.«

»Aber wenn ich bliebe, wäre es okay?«

»Natürlich. Du könntest dir ein Revier suchen. Es ist Platz genug.«

Eines Morgens sprang Robert voller Elan aus dem Schlafsack, rollte ihn zusammen und schnallte ihn auf das Fahrrad. Er räumte das Zelt aus und baute es ab. »Es geht wieder los, Joy«, sagte er, »wir haben genug gefaulenzt! *On the road again …* Hinunter zur Adria, die Küstenorte abfahren, bevor die Saison zu Ende ist … Du wirst viel Fisch bekommen. Ob er aus der Adria ist, ist die andere Frage, haha …« So redete er vor sich hin, während er alles packte und verstaute. Plötzlich hielt er das Brustgeschirr in der Hand und kam auf mich zu: »*Come on, Joy, it's showtime!*«

Ich dachte nicht nach. Ich wusste nur eines: Ich wollte nie wieder ein Brustgeschirr tragen, nie wieder in einer Lenkertasche, einem Rucksack, einer Transportbox sitzen, nie wieder unzählige Handys auf mich gerichtet sehen und mich unter Zisch- und Schnalzlauten ducken, ich wollte nie wieder von zudringlichen Händen von hinten überfallen oder aus dem Schlaf gerissen werden. Ich brauchte Urlaub von den Urlaubern, einen langen, langen Urlaub in Freiheit.

Am Waldrand hielt ich an und blickte zurück. Robert lief hinter mir her. Er war noch nicht oft hinter mir hergelaufen, da er wusste, dass ich im Allgemeinen von selbst wieder zurückkam, aber so, wie er nun rannte und schrie, war ihm wohl klar, dass es mir mit dieser Flucht ernst war. »Joy!«, rief er, »bitte! Bitte komm zurück!« Ich drehte mich um und lief weiter. In langen Sätzen sprang ich durch den Wald, tiefer und tiefer hinein in die Richtung, aus der es nach Pilzen und Wölfen und Bären roch. Robert hatte keine Chance, das wussten wir beide, er würde mich niemals einholen können. Die einzige Hoffnung, die er hatte, war, dass ich mich seiner flehentlichen Stimme ergeben würde. Aber nicht dieses Mal. Bald würde ich außer Hörweite sein. Joy war auch schon nicht mehr mein Name, ich hatte keinen Namen, ich war ich. Während ich so rannte, spürte ich, wie meine Kräfte wuchsen, und auf einmal sah ich aus dem Augenwinkel, dass parallel zu mir in einiger Entfernung noch einer lief, einer, der ernst und lustig zugleich war: Der merkwürdige Kater begleitete mich. Er wäre viel schneller gewesen als ich, hätte er sein Tempo nicht kameradschaftlich meinem angepasst. Was für mich ein angestrengter Lauf war, war für ihn ein gemütlicher Trab. Würde ich auch eines Tages so laufen können, wenn ich im Totholz schlief und mich nur mehr von Mäusen ernährte?

Nach einer Weile kamen wir zu einer Karstklippe, von der aus man in ein dichtbewaldetes Tal hinabsah. Weit und breit war kein Zeichen der Existenz des Menschen zu sehen. Zwei Wasserfälle liefen weiß über die Felsen, Dunst ließ die Hügel in der Ferne blau verschwimmen. Der Kater kam so nah zu mir heran wie nie zuvor, nur wenige Schritte trennten uns voneinander.

»Das Revier da ist frei«, sagte er, »hier grenzen zwei Katerreviere aneinander, aber keine Kätzin ist da. Wir Kater dulden dich, aber pass auf bei den Kätzinnen. Dringt eine in dein Gebiet ein, musst du sie gleich verjagen. Ich biege jetzt hier ab. Alles Gute.«

»Moment!«, rief ich ihm nach. »Sehen wir uns wieder?«

»Vielleicht im Frühjahr?«, sagte er und schenkte mir einen letzten hellgrünen Blick, bevor er im Dickicht verschwand.

Theresa Prammer

Finale am Canal Grande

Finale

Die Leiche des Gondolieres im Canal Grande ist das Schönste, was ich seit unserer Ankunft in Venedig gesehen habe. Das Licht des Vollmonds lässt das dunkle Wasser um seinen leblosen Körper glitzern. Als wäre es voller Diamanten. Neben Luigi schwimmt sein Strohhut mit dem roten Band wie eine Boje.

Ich sitze auf der Rialtobrücke, sehe ihn forttreiben und lecke sein Blut von meiner Pfote.

»Luiiiigi, ich haaaab siiiiie. Daaaaa ist ja mein süüüüßes Kätzchen«, höre ich von der anderen Seite der Brücke die lallende Stimme meiner Angestellten.

Süß. Ich bin nicht *süß*. Atemberaubend schön, von mir aus. Auch hinreißend. Aber eine rote Perserkatze ist ganz sicher nicht »*süß*«.

Ich würge den verschluckten Ring hoch, der über den Steinboden rollt und zu Luigi ins Wasser fällt.

Im nächsten Moment spüre ich die Hand meiner Angestellten, die mich streichelt. Die langen rosala-

ckierten Fingernägel, die mich hinter dem Ohr kraulen. Das Schnurren kommt wie von selbst, ich kann
es nicht kontrollieren. Ich schmiege mich an ihre
Beine, sie kniet sich neben mich. Ihre blonden Locken und ihr kurzes goldenes Kleid funkeln mit dem
Mondlicht um die Wette. Mir wird schwindlig von
ihrem Alkoholatem.

»Luiiigi, komm dooooch. Woooo bist du? Weg is-
ser. Was hast duuuu gemacht, meine kleine Cleoooo?«

»Ich habe dich gerettet, dein Luigi treibt im Wasser«, sage ich, doch natürlich versteht sie mich nicht.
Menschen hören immer nur »Miau«.

Dritter Akt

Mitten in der Nacht auf der Mauer der verlassenen
Rialtobrücke zu sitzen und zu warten ist nicht meine Idealvorstellung eines schönen Urlaubs. Daran
ist nur Luigi schuld. Ich hätte das hier schon viel früher tun sollen. Meine Güte, wie lange dauert es, bis
er mich endlich entdeckt? Seit ich aus der Hotelsuite abgehauen bin, verfolgt er mich.

»Hab ich dich endlich, du Mistvieh. Du wirst mir
diesen Jackpot nicht vermasseln. Spuck den Ring
aus.«

Aha. Na bitte. Sein italienischer Akzent, mit dem
er mit meiner Angestellten spricht, ist verschwun-

den. Er ist so wenig Italiener wie ich nicht reinrassig.

Er torkelt betrunken, beugt sich über mich und will mich packen. Mit meinen Krallen, die ihm das Gesicht zerkratzen, hat er nicht gerechnet.

»Na warte.«

Taumelnd setzt er an, mich von der Brücke zu stoßen.

Ich springe hoch.

Seine Hände fassen ins Leere.

Ich kralle mich in seinen Hinterkopf.

Er wankt wie eine Gondel im Sturm. Versucht, mich abzuschütteln. Meine Krallen bohren sich fester in sein Fleisch. Und noch fester. Panisch dreht er sich um sich selbst. Ich gebe nicht auf. Endlich verliert er das Gleichgewicht. Er stolpert. Stürzt über die steinerne Brüstung. Ohne mich.

Man muss wissen, wann es Zeit ist, loszulassen.

Zweiter Akt

Das sind unsere letzten Stunden in Venedig.

Luigi muss weg. Heute Nacht ist meine einzige Chance.

Nach etwas, das wie ein Kampf in ihrem Bett klang, hat Luigi »*Ti amo*« zu meiner Angestellten gesagt. Sie hat ihn gefragt, ob er sie begleiten möchte.

Nach Hause. Damit er nicht mehr in seiner Gondel Touristen über den Canal Grande rudern und dazu Lieder singen muss. Er hat: »*Si, si! Grazie, la mia Bella*« gesagt. Das ist mein wahr gewordener Albtraum. Ich werde es nicht zulassen.

Sie sind ausgegangen, um seinen Umzug zu feiern. Ich kenne meine Angestellte. Sie verträgt Unmengen an Cocktails. Sie übt ja auch das ganze Jahr. Ich hoffe, Luigi ist nicht so trinkfest.

Stunden sind vergangen. Venedig schläft. Nur ich nicht. Ich warte.

Endlich schwingt die Tür auf. Meine Angestellte läuft mit einer Flasche in der Hand auf ihren hohen Absätzen herein, er wankt betrunken hinter ihr her. Ich juble »Miau«. Blitzschnell schlängele ich mich zwischen seine Beine, er stolpert, knallt hin. Der goldene Ring, den er immer vom Finger zieht, bevor er das Hotel betritt, kullert aus seiner Hosentasche. Ich habe ihn durch das Fenster beobachtet.

Er will danach greifen, ich bin schneller. Schnappe ihn mit meinem Maul und stürme davon. Jetzt muss er mir folgen.

Erster Akt

Seit unserer Ankunft vor einer Woche gibt es nur Luigi, Luigi, Luigi.

Ich springe zum dritten Mal hoch, kralle meine Pfoten um die silberne Schnalle, rutsche herunter und lande auf den Fliesen. Es ist demütigend. Luigi hat mich eingesperrt. In dem Raum, den ich nur für mein Katzengeschäft aufsuche.

Er war allein, hat in dieses kleine schwarze Ding geflüstert. Ich habe nichts verstanden, aber eine Frauenstimme hat daraus auf Italienisch gebrüllt.

»Du hast schon ein Frauchen«, habe ich gefaucht.

Er hat mich mit dem Fuß durch die Hotelsuite gekickt und die Tür zugeschlagen.

»Cleo, Cleo, wo bist du?«, ruft meine Angestellte jetzt.

Ich mache mich mit einem lauten »Miau« bemerkbar. Sie öffnet, ich bin wieder in Freiheit.

»O nein. So eine Frechheit, jemand vom Roomservice hat dich eingesperrt.«

»Nein. Das war er. Siehst du denn nicht, dass er mich tritt? Hast du nicht mitbekommen, dass er deine Taschen durchwühlt?«

Sie blickt mich mit ihren riesigen blauen Augen an.

»Du maunzt ja ganz aufgeregt, Cleo, du Arme. Ich werde mich an der Rezeption beschweren.«

Sie versteht mich nicht. Es ist zum aus dem Fell fahren.

»Hast du ihn auch nur einmal in einer Gondel gesehen? Wieso versteckt er diesen Ring? Er lügt. Seit

dem ersten Augenblick. Er hat gesagt, bei der erst-
besten Gelegenheit steckt er mich in die Waschma-
schine und schaltet den Schleudergang ein.«

»Ich verstehe nicht, was meine Cleo heute hat«,
sagt meine Angestellte.

Vorspiel

»Na, Cleo, schau aus dem Fenster. Das da unten ist
Venedig. Ist es nicht wunderschön?«

Ich kralle mich auf dem Schoß meiner Angestellten fest. Wir sind zu oft in diesem fliegenden Vogel
unterwegs. Das mag ich nicht. Seit sie ihn von ihrem
Vater geschenkt bekommen hat, gibt es nur noch: »Urlaub. Du siehst dir New York, Paris, Madrid und
Venedig an. Dein Papa hat alles für sein Püppchen
arrangiert. Genieß den Luxus. Wenn du wieder zu-
rückkommst, kaufe ich eine Wohnung für dich, und
wir suchen dir eine nette Beschäftigung in einer unserer Stiftungen, mein Schätzchen.«

»Oh, Papa, danke. Du bist der Beste. Und Cleo
kommt mit.«

Jetzt also Venedig. Die letzte Station. Danach geht
es nach Hause. Endlich.

»Du musst hier warten, Cleo. In Venedig gibt es
keine Autos, ein Gepäckträger bringt dich zu mir
ins Hotel.«

Ich protestiere, doch sie steckt mich in die Kiste mit dem Gitter. Es dauert ewig, bis ich Schritte höre. Eine Decke wird über meine Kiste geworfen. Ich kann nichts sehen. Es rumpelt, es brummt und plötzlich schwankt alles. Ich werde panisch. Wasser. Ich höre das Klatschen von WASSER. Ich will hier raus. Sofort. Meine Kiste rumpelt stärker. Was ist das für ein Geschrei?

»*Che cosa?*«

»Welches Hotel?«

»*Non ti capisco.*«

»Ich geb dir gleich capisco. In welches Hotel bringst du dieses ganze Louis-Vuitton-Gepäck?«

»*Signore no, prego no.*«

Ein Knall, ein Schrei, ein wimmerndes: »Gritti Palace.«

Dann ein Platschen. Wieder und wieder. Es dauert lange, bis das Brummen und Schwanken erneut losgeht. Endlich wird die Decke von meiner Kiste genommen. Zwei dunkle Augen sehen mich an. Mein Fell stellt sich auf. Ich mag diese Augen nicht.

»Kommt da endlich meine Cleo?«, höre ich meine Angestellte. Doch sie sieht mich gar nicht an. Sie starrt nur auf den Zweibeinigen mit den dunklen Augen. Er nimmt ihre Hand.

»*Buon giorno*, meine Name ist-ä Luigi. Ich-ä bin-ä Gondoliere, ich-ä bringe Gepäck-ä und *bellissimo gatto, Carissima.*«

Ich kenne ihren Blick. Sie sieht ihn an, als wäre er der Hauptgang in einem Gourmetrestaurant. Das hat mir gerade noch gefehlt.

In New York war es Jim, in Paris Pierre, in Madrid Pablo. Und in Venedig also Luigi. Auch hier keine Entspannung für mich. Wieder einer, den ich loswerden muss.

Meine Angestellte hat keinen guten Griff bei Männern. Aber zum Glück hat sie ja mich.

Quellenverzeichnis

Victor Auburtin
Die Dame mit der gestreiften Katze, S. 7
Aus: Victor Auburtin, Sündenfälle. Feuilletons. LangenMüller Verlag München/Wien 1970

Bettina Balàka
#RobertandJoy, S. 191
Originalbeitrag © Bettina Balàka. Abdruck mit freundlicher Genehmigung der Autorin

Claire Beyer
Bastet, S. 17
Originalbeitrag © Claire Beyer. Abdruck mit freundlicher Genehmigung der Autorin

Petra Busch
Annemieze, S. 107
Originalbeitrag © Petra Busch. Abdruck mit freundlicher Genehmigung der Autorin

Dorette Deutsch
Fortunato sucht die Magie, S. 31
Originalbeitrag © Dorette Deutsch. Abdruck mit freundlicher Genehmigung der Autorin

Ellen Dunne
Meet the Locals, S. 182
Originalbeitrag © Eva-Maria Oberauer. Abdruck mit
freundlicher Genehmigung der Autorin

Roberta Gregorio
Parmenides' Taufe, S. 146
Originalbeitrag © Roberta Gregorio. Abdruck mit
freundlicher Genehmigung der Autorin

Gabriela Jaskulla
Mitfahrgelegenheit, S. 48
Originalbeitrag © Gabriela Jaskulla. Abdruck mit
freundlicher Genehmigung der Autorin

Tatjana Kruse
Noblesse oblige, S. 10
Originalbeitrag © Tatjana Kruse. Abdruck mit freund-
licher Genehmigung der Autorin

Christiane Lind
Ich und die Landeier, S. 64
Originalbeitrag © Christiane Lind. Abdruck mit
freundlicher Genehmigung der Autorin

Theresa Prammer
Finale am Canal Grande, S. 209
Originalbeitrag © Theresa Prammer. Abdruck mit
freundlicher Genehmigung der Autorin

Das neue Katzenbuch
von Eva Demski

»In mein Menschenleben passten viele Katzenleben. Manche waren lang, andere endeten viel zu früh, aber alle trugen zu einer Geschichte bei, meiner Geschichte. In ihr findet sich Komisches und Trauriges, gereimt und ungereimt, und immer von neuem der Versuch, dem auf die Schliche zu kommen, was mich lebenslang an der Katzenseite gehalten hat. Ich liebe Hunde, Elefanten, Schmetterlinge, Goldhamster, Rotkehlchen, Häuschenschnecken und noch viele andere Tiere. Darwins ganzer großer Farbkasten ist für mich eine ständige Quelle des Staunens und der Freude. Was kommt bei Katern und Katzen dazu, das mich immer wieder zu ihnen zieht? Oder sie zu mir?

In diesen Geschichten und Gedichten treffen sich viele von ihnen, denn für mich hat die Katze mehr als sieben Leben. Volker Reiche schickt seine Katzen zu meinen, man weiß nie, ob sie schnurren oder fauchen werden.« *Eva Demski*

Eva Demski, Katzentreffen. Illustriert von Volker Reiche. insel taschenbuch 4411. Gebunden. 140 Seiten

Unnützes Wissen über Katzen

Detlef Bluhm
Was Sie schon immer über Katzen wissen wollten

Hätten Sie gewusst, dass ...

... 1963 eine Katze 155 Kilometer in den Weltraum geschossen wurde und wohlbehalten zur Erde zurückkehrte?

... das Skelett der Katze aus 230 Knochen besteht?

... Picasso mit einem Auktionspreis von 92,5 Millionen US-Dollar das teuerste Katzenbild aller Zeiten gemalt hat?

... in Deutschland jährlich Katzenfutter im Wert von anderthalb Milliarden Euro verkauft wird?

... ein Kater namens Simon in England 1949 für vorbildlichen Kriegseinsatz in China mit dem Victoria Cross ausgezeichnet wurde?

... dieses Buch all die Fragen zur Katze beantwortet, die Sie sich bisher nicht einmal gestellt haben?

Detlef Bluhm, Was Sie schon immer über Katzen wissen wollten. insel taschenbuch 4245. Etwa 120 Seiten